毎年生まれる100万人にフォローされる商売を考えよ

金持ちだけが持つ超発想

［新装版］

Den Fujitaの商法②

日本マクドナルド創業者

藤田 田（デンと発音して下さい）

KKベストセラーズ

毎年生まれる100万人に
フォローされる商売を考えよ

金持ちだけが持つ超発想

［新装版］Den Fujitaの商法②

日本マクドナルド創業者
藤田　田（デンと発音して下さい）

KKベストセラーズ

装幀　トサカデザイン
カバー・挿画　ホリユウスケ

毎年生まれる100万人に
フォローされる商売を考えよ

金持ちだけが持つ超発想

［新装版］Den Fujitaの商法②

目次

第1章
金儲けはデコボコ道への挑戦だ

第2章 マクドナルド・ハンバーガーは文化だ——49

第5章 私は頭で天下を取った

第6章 こんな発想があなたにできるか——145

「藤田 田6冊同時復刊プロジェクト」は、著者の主要評論を収録するものです。本作品中に、現在の観点から見れば、差別とされる言葉・用語など考慮すべき表現も含まれておりますが、著者の作品が経営・ビジネス書の古典として多くの読者から評価されていること、執筆当時の時代を反映した著者の独自の世界であること、また著者は、2004（平成16）年に他界し、作品を改訂することができないことの観点から、おおむね底本のままとしました。

（ベストセラーズ書籍編集部）

＊本書は一九八三（昭和五八）年弊社初版刊行、『天下取りの商法』を底本とし、語句・表記・時制の大幅な加筆修正を行い、新たに装幀を変え、挿画を入れ、新装再編版としたものです。

第1章

金儲けはデコボコ道への挑戦だ

頭の悪い奴はいつの時代にも淘汰される

日本は一次産業も二次産業も行きづまってしまっている。このままでは、どんな政治家が出てきても景気回復は、はかれない。

これ以上、モノはいらないから、一次産業や二次産業ではダメで、残されているものは三次産業しかない。つまり、サービス産業である。

ところが、サービス産業というと、猫も杓子《しゃくし》もレストラン、レストランと、レストラン産業へ殺到する。だから、たちまちのうちに、第三次産業の中の外食産業は、飽和《ほうわ》状態に達してしまった。

レストラン業界は、いまや過当競争の時代に突入したといってもいい。勝負のときを迎えているのである。したがって、これからはレストラン業界でも、頭の悪い奴は、淘汰《とうた》され、みんな滅んでいくといえる。

レストラン産業が飽和状態に達したらどうするか。その次の第三次産業へ進めばいい。

次の第三次産業。それは、発汗産業なのだ。

私が外食産業と発汗産業をドッキングさせたのも、飽和状態のレストラン産業の中で、生き残ることを真剣に考えたからだ。

発汗産業のきざしは、ルームランナーとぶらさがり健康器の普及に、顕著にみられる。

私は、ルームランナーなどという、同じところをサルみたいに走るしろものや、ぶらさがり健康器のようなものは、産業化しようとは思わない。あれは、どちらも使用者に苦痛を与えるものである。

私は、産業化するものは、楽しさがなければならない、と考えている。

ところが、それにもかかわらず、ルームランナーやぶらさがり健康器が売れているということは、発汗産業のきざしがみえている証拠である。

私の発汗産業は楽しさをともなうものである。

そこで、私が目をつけたのが、室内プールと室内テニスコートだ。これなら、楽しく汗を流せる。このふたつは楽しい発汗産業のチャンピオンとし、外食産業のマクドナルド・ハンバーガーと結びつける。

これに成功すれば、街道筋の外食産業は皆殺しだ。

私がそういっても、今は昔、笑っている。しかし、そのうちに、腰をぬかすことはまちがいない。私が発汗産業、発汗産業というと、楽しく汗を流せる発汗産業なら、ソープがあるよ、といった人がいた。

ソープつきのマクドナルドも悪くはないが、ハンバーガーが売れ残るような発汗産業とドッキングしても、あまり儲かりそうもない。儲からないものには手は出したくない。

タダでよその宣伝はするな

発汗産業とのドッキング第1号のプールを、ある設計士に依頼して間もなく、私は日本軽金属の上田専務に面会を申し込まれた。会ってみると、

「藤田さん、おたくのプールは、実はウチがでっかいアルミでつくっているのです」という。

私が依頼した設計士が日本軽金属に技術開発をたのんだらしい。

「だから、そのプールに、ぜひ日本軽金属製、という文字を入れさせていただきたい」

上田専務はそういう。

「よろしい。でも、ネーム代はいくら払っていただけるのですか」

私はたずねた。

「もちろん、タダでお願いできませんか」

上田専務のほうは、日本軽金属がつくるのだからタダで当然、という顔である。

「お引きとりください」

私はドアを指さした。

「プールをつくりたいと思う人は、ウチのプールを見たらショックを受けるはずです。ウチのプールにくらべれば、これまでの日本のプールはカスみたいなものですから。そのすばらしいプールに、日本軽金属製とネームが入っていれば、注文が殺到するはずです。ものすごい宣伝になります。それをタダでネームを入れさせろとは何事ですか。有料でいいとおっしゃるのでしたら、大きなネームを入れさせてあげますけどね」

私がそういうと、上田専務はビックリしていたが、タダでヨソの宣伝をするほど馬鹿らしいことはない。

宣伝に協力するときは、やはりいただくものはいただく。

商売とは、そんなものである。甘えてはいけない。

「時間を節約する商品」が売れる

マクドナルドは世界に7300店ものチェーン店をもっているが、世界の5000店目の店が、日本の江の島店である。

この江の島店は、昭和57（1982）年8月の1ヵ月間だけで、9500万円の売り上げを記録した。この年の8月は冷夏で雨の日が多く、海水浴客の足が遠のいた。そういう悪条件下で出した記録である。

銀座4丁目の三越にある銀座店の売り上げが5000万円だから、これは驚異的な売り上げの記録である。この調子でいけば、1店舗で年間売り上げは10億円になってしまう。その金額は従来のレストラン産業では考えられない巨額なものである。

従来のレストラン産業では、1店舗の月商が、600万円だ、700万円だ、といっているのに、マクドナルド江の島店の月商が9500万円だから、この記録が出たときは、正直なところ、私自身も驚いたほどだ。

私は江の島店の開店に先立って、まず、車の通行量を調べた。店を出そうとしている場所は江の島駅から約1キロほどはなれているために、歩行者はゼロに近い。

歩行者相手の商売は絶対に成り立たない場所である。

肝心の車の通行量のほうは、調べてみると、1日に1万4000台程度である。

歩行者がゼロで、車が1万4000台通るのなら車の客をとるほかに方法はない。

しかも、車の客を相手にするには、これまでのように車から降りて買うドライブ・イン方式ではたいした儲けは期待できない。

車で走ってきて、車に乗ったまま注文し、そのまま注文の品を受け取って走って行く。これでなければダメだ、と私は思った。

私は、さっそく松下通信工業（小蒲秋定社長・当時）とソニー（盛田昭夫会長・当時）にたのんで、テレビ電話で客の注文を受けるシステムを開発してもらった。

車に乗った客がきて、テレビに向かって、ほしいものを注文する。それを店の中の従業員が受けて、出口で注文の品を包んで待ちかまえ、サッと客に渡すシステムを考え、その開発に乗り出したのだ。

私はこのシステムを『ドライブ・スルー』と名づけ、江の島店に設置した。

これが、当たった。

車に乗ったまま注文すれば、出口で注文の品を渡してもらえるというシステムが、忙しい現代人に受けた。

それが、月商９５００万円の記録をつくったのだ。

私はこれに力を得て、現在30店にこのシステムを採用している。採用した店は、どこも利用者に大好評で、売り上げを伸ばしている。

もちろん、来年は、さらにこのシステムを多くの店に広げていくつもりだ。

『ドライブ・スルー』というのは、ドライブして、通り抜けて行く、という意味の英語である。ところが、子供たちの話を聞くと「ドライブする」という日本語だと思っているのだ。自分でも気がつかなかったが、ちゃんと日本語になっているのである。

子供たちは、運転免許証を持っていないが、面白がって自転車で買いに来ている。

蛇足《だそく》だが、江の島店には、馬に乗った客も現れた。

それはともかく、私の考えた『ドライブ・スルー』方式は、マクドナルドは立ち食いの店、という従来のイメージを打ち破りつつある。

現代人は好むと好まざるとにかかわらず、時間に追われている。そんな現代人にとって無視できないのが、時間の節約である。

どうすれば、時間を節約し、時間をより有効に使えるか、ということは、現代人の最大の関心事のひとつである。

昨今、使い捨ての１００円ライターの普及はめざましい。使い捨ての１００円ライターがなぜ現代人に受けたかというと、石をかえたり、液化ガスを補充したりする時間が節約できるからにほかならない。

多忙な現代人にとって、ライターの石やガスに手をわずらわされるのは面倒くさいだけでしかない。

カメラにしても、現在はレンズの焦点を合わせたり、露出をきめたりする必要のないバカ使い捨てカメラが全盛である。シャッターを押すだけで、フィルムの巻きあげも自動的にカメラがやってくれるのだから、大幅に時間が節約できる。

時間を節約するものが現代人に受けるという一例である。

ファースト・フードはもともと時間を節約する産業である。

時間を節約するためのファースト・フードがコーヒー・ショップに勝つのは自明の理である。

GDPが大きくなると、国が豊かになるのではなく、時間不足時代になる。文明が進めば進むほど、生活は複雑化し、現代人は時間が不足してしまう。

これからの事業は、時間を節約することを考えたものが、かならず成功する。

早ッ!!
お母ちゃんもっと早く!!
ヘイイ!!

電動アシスト自転車…
この10年間でいちばん時間を節約したかったのはママさんパパさんたちだったかもしれないね～

頭とコンピューターはこう使え

私は『ドライブ・スルー』を開発したときに、レジスターのコンピューター化を思いたった。

従来のメカニカル・キャッシュ・レジスターではダメだと思ったからだ。従来のレジスターは古くさくて非能率的である。

そこで、私は松下通信工業に、コンピューターを使った新しいタイプのレジスターの開発を依頼した。

松下通信工業は、マクドナルドのために新しいタイプのレジスターの開発に取りくんでもいいが、何台注文をくれるのか、という。わずかな注文では開発費がペイしない、というのである。

その当時、――昭和54（1979）年頃だったが、マクドナルドは日本全国で200店ぐらいしかなかった。それを私は松下通信工業に500店舗分は保証する、と約束した。

それで松下通信工業は開発に着手し、コンピューターを使った新しいレジスターシステムを作り出した。POS――ポイント・オブ・セールス・システムである。

開発した新システムは、従来のもののように音もしないし、1日の売り上げ集計が瞬時に出てくる。時間帯の売り上げも出るし、ハンバーガーが何個、チーズバーガーが何個売れたという〝プロダクト・ミックス〟が瞬時にでる。

マクドナルドではパートの従業員のことを〝クルー〟と呼んでいるが、その〝クルー〟が何時間働いたかということも瞬時に出てくる。

しかも、オンラインで全店の売り上げが、瞬時に本社で掌握できる。

このシステムにする前は、マクドナルドでは、午前9時から正午まで、10人の女子社員が360店ある各店に電話を入れて、前日の売り上げを集計していた。

電話では、挨拶抜きで「昨日の売り上げは?」とたずねるわけにはいかない。「おはようございます」からはじまって、「お天気はどうですか」といったやりとりがあって、それから「昨日の売り上げはいくらですか」と本題に入る。チンタラペースである。時間も浪費するし、電話代もバカにならない。

それに、電話の場合は、聞きまちがい、書きまちがいがどうしてもおきる。

各店からはあとで売り上げを集計した書類が送られてくるが、その書類の数字が電話の数字と合わないことがしばしばあった。

ところが、コンピューター化をしたことで、それまでは3時間かかっていたものが、9

時5分には全部本社に集まるようになった。時間が2時間50分も節約されることになったのだ。

それに、10人の女子社員も不要になった。人件費も節約できる。電話代も不要になった。コンピューターだからまちがいもない。

年間、全店で2500万円はかかっていた電話代がゼロになったのだから、この節約は大きい。

メカニカル・キャッシュ・レジスターでは、売り上げを記録する紙代が1店で1ヵ月に8万円かかっていた。それも節約できる。

こういうすばらしいシステムができたので、私は昨年2月にアメリカのマクドナルド本社の重役会で披露《ひろう》した。

アメリカには、当時、マクドナルドの店は約6000店あった。これらの店はほとんど、メカニカル・レジスターを使っていた。

私が、日本ではこういうのを使っていますが、アメリカでも使いませんか、とすすめると、アメリカの本社は、そんなに便利なものなら、さっそく、アメリカでも採用したい、という。

目下、1セット1万2000ドルほどするこのシステムは、アメリカに向けて快調に輸出されている。アメリカのマクドナルドの全店に納入すると、松下通信工業は、１５０億円ぐらいの商売になる。

はじめは、わずかな注文ではいやだとしぶっていた松下通信工業の小蒲社長が、アメリカへの輸出がきまると、エビス顔でやってきた。

新聞にも松下通信工業が「世界のマクドナルドにご用立てをしているＰＯＳシステムです」と写真入りで大々的に広告をうっているから、ごらんになった読者も多いだろう。

私は、アメリカで生まれたマクドナルド・ハンバーガーを日本に輸入したが、今度は日本で一段と機械化して、アメリカに逆輸出をしたのである。

アメリカ生まれのものを日本で磨きをかけ、アメリカに逆輸出する。商売の儲けるコツはこういったところにある。

テレビを商売に使え

ドライブ・スルーでは、客はテレビに向かって注文する。

テレビジョンをもっている人は何百万人もいるが、そのテレビを商売にコキ使っているのは、マクドナルドだけだろう。

私は〝見て楽しむ〟だけだったテレビを、商売につかって、客との会話に活用することを考え出した。

テレビは〝見る〟だけのもの、と思っていたのでは、こういった発想は出てこない。テレビに〝話しかける〟ようにさせれば、立派に商売に活用できるのである。

〝富国楽民〟のすすめ

明治維新以後、日本のモットーは〝富国強兵〟であった。

しかし、今や時代は変わった。これからは〝富国楽民〟の政策をとるべきである、と私は思う。政治家は、富国強兵政策を引きついで、一次産業や二次産業を強化するようなことばかりやっていてはダメだ。

〝富国楽民〟の〝楽民〟とは、サービス業を充実させることである。

韓国や香港、中国などにくらべると、日本のサービス業は充実しているが、まだまだ進出すべきサービス業のエリアは多い。

たとえば、プールにしても、西ドイツでは、対人口比でいうなら戦前の日本の銭湯以上にたくさんある。日本で戦前の銭湯が生活必需品であったように、西ドイツではプールは生活必需品になっている。そのプールが、日本では、まだまだ不足している状態である。サービス業を充実させて国民を楽しませる——それが〝楽民〟である。

最近、各地でみられるようになった室内スポーツジムにしても、〝楽〟よりは〝苦〟の要素が多い。

体育大学を出て自ら鍛え上げた女のトレーナーが、客に向かって、「走れ、走れ」と号令をかけている。

これでは、楽しみながら走るというわけにはいかない。

こんな女トレーナーのかわりに、せっかく日本だけにある銀座のクラブの美人ホステスをやとって「いかがです。もう1周走られてみては」といわせれば、客は喜んで走るはずだ。2回走るところを3回走る。ひょっとしたら、もう1回走ったら手をにぎれるかもしれないぞ、などと考えて、楽しんで走る。

というのも、私も一度、トレーナーにしごかれて、こんなクソ面白くないものは二度とご免だ、と思ったからだ。

まず、昔の海軍兵学校の作業服のようなものを着せられて、「準備体操！」と号令をかけられた。準備体操で音《ね》を上げたら「何をいってるんですか、もっとやるんです！」と怒鳴る。

それがすんだと思ったら、鉄棒みたいなところへ連れていって、「さあ、昇って！　降りて！」とこうだ。

いくら、昇っても降りても、まるで楽しくない。

スポーツも楽しみながらできるものでなければ、長続きはしないし、見向きもされなくなる。

ルームランナーにしても、面白くない。しかし、ルームランナーをコンピューターやテレビとドッキングさせて、走りながらいろいろな景色をみられるようにすれば、話は別だ。

ぶらさがり健康器にしても、ただぶらさがるだけでは、まるで楽しくない。ぶらさがるだけで何かが楽しめる装置を考えれば、爆発的に売れることはまちがいない。

そういった、新しいサービス業に投資して、〝富国楽民〟をおしすすめる頭脳の持ち主は、かならず儲かる。サービス業の分野には、新しい事業として改めてみたら面白いものが、ゴロゴロ転がっているのである。

毎年、150万人の得意客をふやす法

私がファースト・フードをはじめたのは、昭和46（1971）年、東名高速と名神高速

がつながった年である。**東名と名神がつながれば、日本はいや応なしに高速自動車道の時代に入るし、そうなれば、国民生活のリズムも変わる、と私はにらんだ。新しい時代が来るのだ。**

そう思って注意してみると、昭和50（1975）年には、戦後生まれの人の数が、全人口の50パーセントを超えることがわかった。つまり、昭和50年は人口分水嶺《ぶんすいれい》なのだ。

私はその人口分水嶺の時代までに、少なくとも100店舗ぐらいはチェーン店を展開しておかないと、マクドナルドの成功はむずかしいと考えた。パンと肉に抵抗を感じない層に、はっきりと攻撃目標をしぼったのだ。

そうして、昭和50年を目標に、ひたすら努力を積み重ねた。

人口分水嶺をどうにか越えると、あとは昭和生まれが年々増加する時代が来た。パンと肉を抵抗なく受け入れる層が年々増加する時代がやってきたのだ。

マクドナルドに追い風が吹きはじめたといえる。

現在、日本の人口は約1億2000万人で、単純計算で年間に80万人の人口がふえている。

しかし、私はマクドナルドにとっては、年間150万人の人口がふえていると思っている。

人口が80万人ふえていることは、毎年、１５０万人が新たに生まれ、70万人が死んでいっているということである。

死んでいく70万人は、パン食になじまない米一辺倒の古い時代の人が大半である。ハンバーガーの客にはなりえない人たちだ。

ところが、生まれてくる１５０万人は、米もパンも食べたことのない者だ。**この１５０万人に、生まれたときからハンバーガーの味を覚えさせれば、喜んでハンバーガーを食べるハンバーガー党になる。**

死んでいく70万人には用はないが、生まれてくる１５０万人は大切にしなければならない。

だから、私は日本の人口は単純計算では毎年80万人ずつふえているが、実際には１５０万人ずつふえていると思っている。

ビジネスの目から見れば、毎年人口が80万人ずつ増加している、というのはまちがいであって、１５０万人ずつふえていると考えるべきである。そして、ビジネスは１５０万人ずつふえてくる連中を相手にしなければならないのだ。

死んでいく連中を相手にするようなビジネスは先細りで、将来性はまるでない。

生まれてくる途中の口にハンバーガーを押し込むことを考えれば、毎年１５０万人のお得意がふえる計算になる。10年先には1500万人の客がふえているわけだ。

儲けようとするならば、そんな目で世の中をみるべきである。

流れをつかめ

私は昭和46（1971）年7月20日にマクドナルドの1号店を銀座につくった。

そのときにマスコミは、**銀座はハンバーガーを売る場所ではない、と筆をそろえて書きたてた。**

現在、銀座には、マクドナルドの銀座8丁目店（銀座2号店）やライバルの店を含めてハンバーガー屋が5軒ある。10年前には、ゼロだったものが5店にふえたわけである。単純にこのペースでハンバーガー屋がふえるとすると、次の10年間でさらに5店ふえて、10軒になる計算になる。

西暦2000（平成13）年になれば、銀座は寿司屋が1軒で残りは軒並みハンバーガーの店になることも十分に考えられる。

銀座に1号店を出したとき、私は、10年後にはマクドナルドは、日本のレストラン業界で売り上げ第1位になる、といった。ハンバーガーが日本を制覇する、と予言した。ところが、当時、私のこの予言をまともに受けとめた者は、わが社の社員以外にはひとりもいなかった。

大ボラ吹き、アホ……、とさんざんに悪口をいわれた。10年はおろか、3週間でつぶれるといわれた。しかし、現実に、私はマクドナルドを日本一にした。

私は予言し、実現したのだ。

私にいわせるなら、日本のレストラン業界で一位になるのは、日本の食事をあつかう寿司とか、日本料理であるべきだ、と思う。伝統的な日本の食べものが日本の外食産業の王座にあるのが本来の姿だと思う。

それが、12年前にアメリカから上陸してきたハンバーガーに日本一の座を奪われるのは一体どうしたことなのか、といいたい。

私なりに解釈すれば、マクドナルドが日本一になったのは、日本の食事の流れがハンバーガーの方向に進んでいるからだ、と思う。その流れを人より先につかみ、それに乗って勝負をしたからこそ、私は勝ったのである。流れと反対のほうに進もうとすれば、敗れるだけである。

ちょっと先を行くがいい

新しい時代に何を売れば儲かるか。

新しい時代がくれば、これまで存在しなかった新しいものが売れるような気がする。しかし、世の中は面白いもので、あまり先に進むと、かえってカネにならないものなのだ。時代を先取りしすぎてしまうと儲からない。

ちょっと先を行くのが一番いい。ということは、現在、すでに存在するものを、ほんのちょっと変えればいいのだ。あまり変えすぎると人がついてこない。世の中とはそういうものなのだ。

外食産業でもそのことはいえる。10年後に爆発的に売れるものは、現在のレストランのメニューの中にあるものだ、と私は思う。それが何であるかは、私にもわからない。

天丼が売れるか、ハンバーガーが売れるか、とにかく、今あるものの中のあるものが、突然、爆発的に売れるようになるはずだ。現存するものを、形を変えず、味もそのままで、ただ、ほんの少し安くするとか、早く出すとか、便利にするといったことを考えるだけで、売れる商品が開発できる。

昭和60（1985）年に爆発的に売れるものは、けっして現在、現れていないものではない。

何もないところからいきなり出てきた商品はテレビジョンぐらいなものだ。

それまで存在したものが少しずつ改良されて、あるとき人気商品となる。それが何かを、他人より早く見ぬいたものが大儲けをするのだ。

「良くて安い」だけではダメだ

世間では、商品は「良いものであって、安ければ売れる」と思っているようである。**私にいわせれば、これは錯覚以外の何物でもない。**

今日では、デパートなどで売っているものは「良くて、安い」のは常識である。だから「悪くて、高いものは売れない」というだけのことだ。

「良くて、安い」ものでも、かならず売れるとは限らない。**売るためには「良くて、安い」上にプラス・アルファーが必要なのだ。**

そのプラス・アルファーとは何か。

私は雰囲気だと思う。ショッピングをしやすい雰囲気をつくることが大切だ、と思う。

良いもの、安いものにプラス舞台装置、上手な演出。これが必要なのだ。これがなければ「良くて、安い」ものでも売れるとはかぎらない。

良いものを安く売り出したのはスーパーである。はじめのころは、良いものが安ければ確かに売れた。ダイエーやイトーヨーカドーはそれで商売をしてきた。ところが、これからはそれだけでは商売は成り立っていかない。

たとえ高くても質の良いものであれば、舞台装置や演出次第で売れる時代なのだ。

耳のうしろにツボがある

ユダヤ人はどんな緊急事態に直面していても、就寝前には、陰部と脇の下と耳のうしろはかならず洗う。

私は、なぜ、ユダヤ人が耳のうしろを清潔にしろ、というのか、不思議に思っていた。

ところが注意してみていると、ユダヤ人にかぎらず、**日本人でも元気のいい老人は、オシボリが出されると、無意識に耳のうしろを拭くことに気がついた。**

ハリや灸《きゅう》でも、耳のうしろは健康を保つためのツボであるといわれている。

とすると、どうやら耳のうしろにさわることは、健康上のメリットがあるらしい。

人間の知恵は長い年月の間に積み重ねられてきたものは、かならずしも証明を必要としない。しかし、考えてみると、なるほど、と思い当たることが多い。

ユダヤ人の知恵には５０００年の時の重さを持っているものがたくさんある。耳のうしろを洗え、というのも、**そこが人体のツボだからである。**

私は、人体にツボがある如く、ビジネスにもツボがある、と思っている。

ビジネスのツボをおさえれば、倒れかかっている事業もたて直すことができるし、新規の事業計画を立てて、それで当てることもできる。

ところが、ビジネスのツボがどこにあるかは、誰れも教えてはくれない。**成功し、儲けようとすれば、ビジネスのツボをさぐり当てることが重要になってくる。**

「追い風商法」と「向かい風商法」

私は前に、人口は毎年１５０万人ふえていると思え、といった。

世の中には「追い風商法」と「向かい風商法」がある。

次第に客が減ってくる商売が「向かい風商法」で、段々と客がふえてくる商売が「追い風商法」である。

「追い風商法」を目ざすなら、毎年生まれてくる150万人を相手にしなければならない。私は、毎年生まれてくる150万人に、ハンバーガーとシェイクをねじこむつもりで商売をやっている。小さいころにハンバーガーの味を覚えさせればこちらの勝ちだからだ。人間は小さいころに覚えた味からは、生涯逃げられないからである。

私がいい例だ。大阪生まれの私は、大阪本部へ出掛けると、昼食にはかならず、キツネうどんを注文する。社員からは、

「社長、もっとマシなものを食べたらいかがですか」

といわれるが、私はどうしてもキツネうどんにこだわってしまう。キツネうどんが好きだし、いつ食べてもうまいと思う。理由は簡単である。子供のときから食べていたからだ。

だから、生まれたときからハンバーガーを口に押し込まれて育った子供は、大きくなったときに、けっして昼メシにキツネうどんとはいわないはずだ。

「昼メシはマクドナルドのハンバーガーだ」

そういうに決まっている。私はそれを狙っているのだ。

ビジネスは息を長くしてやらなければダメだ。1年や2年では勝てない。少なくとも、ワン・ジェネレーション、30年はやるつもりでなければダメだ。

30年経てば、子供が親になり、時代が変わってくる。

だから、親になったハンバーガー育ちの世代は、生まれてきた子にせっせとハンバーガーを食べさせるはずだ。

つまり、30年がんばれば、ハンバーガーは親から子、子から孫へと永遠に引きつがれていくのだ。

ワン・ジェネレーションも踏んばれないビジネスはビジネスとはいえない。

全天候型ビジネスは失敗する

日本人は、「全天候的」な物の考え方にとらわれていると思う。

日本には、春夏秋冬がある。これは私にいわせるならば、悲しむべきことである。第一に、ビジネスの世界に災いをもたらしている。

たとえば、春夏秋冬があるために、北海道でも九州でも、同じ自動車を売っている。

これはまちがっている。

夏だけの屋根なしの自動車を夏の北海道では売ってもいいと思う。日本人は、常に、春夏秋冬にそなえて商売をしている。そのために、日本人は貧乏になっているといえる。

海水浴シーズンの海の家のように、ある時期だけ商売をするものが、もっとあってもいい。

全天候型ビジネスを狙うから力が散漫になって失敗するのだ。

全天候型ではないビジネスのほうが大きく儲かるはずだ。

「全天候型ではないビジネス」をさらに推し進めると、いろいろなことに応用できる。

たとえば、日本の０歳から39歳までの年齢層は人口の65パーセントを占めている。つまり、39歳までの若い人が７８００万人いる計算になる。

とすれば、この人たちだけを対象として商売をするのもひとつの手である。

ところが全天候型の日本人は、残りの35パーセントの４２００万人も商売の対象として考えてしまう。しかし、この35パーセントの層は、カネを使わない。

40歳以上の人は生活がかかっているし、カネの値打ちも知っているから、積極的に消費はしない。食べ残したごはんを冷凍庫へ保存する層だ。

一方の39歳までの連中は、どんどんムダ使いをする。

本当に商売をする気があるのなら、40歳以上は切り捨てて、39歳以下のムダ使いをする連中を相手にしなければ儲からない。

年齢だけではなく、対象も女性だけにしぼったり、ごく限られた営業品目で勝負したり、夏型なら夏型だけの商売を考える。全天候型の商売よりも、そのほうが、回転もいい。

需要の見つけ方

周囲を見まわしても、絶対に儲からないことをやって泣いている人が、あまりに多いように思われる。

そういった人たちは、過去の義理と人情に拘束《こうそく》されている場合が多い。

そういった悲劇を防ぐためにも、欧米の合理主義を持ちこむ必要がある。ところが、日本人の心の片隅には、どういうわけか、欧米の合理主義を排撃したがる何かがある。

だから、泣きながら辛抱する。失敗しても仕方がない。俺は学歴もないし、頭も悪い。失敗するのは当然なんだ……。そういって、自分を慰めて納得している。

私にいわせると、そこがおかしいのだ。

これは一種の逃避にほかならない。逃避をしていて商売に勝てるわけはない。

過去の義理や人情に拘束されずに、まず、どこに需要があるかを見きわめることが、大切である。需要を発見するには、それなりの研究も必要だ。ぽかんとしていても、世間のほうから、こういう需要がありますよ、と教えてくれると思ったら大まちがいだ。世間はそれほど甘くはない。

戦時中の物資が不足している時代なら、何が不足し、どこに需要があるかは、簡単に発見できた。しかし、今日のように、これだけ物資が豊富になり、人間が贅沢《ぜいたく》になると、どこに本当の需要があるか、みつけにくい。

食べものにしても同じことである。食べものもあまっていて、誰れもが何を食べるべきか迷っているのが現状である。だから、相手の口の中へ、なんとかしてハンバーガーを押し込んでいかなければならない、それがむずかしいのだ。

どこに需要があるかを、まず発見し、売れる物を、売れるときに、売れる値段で売ることが、肝心である。

時間の使い方で勝負が決まる

最近しきりにもちいられる言葉に「ノウハウ」がある。「金儲けのノウハウ」とか「出世のノウハウ」というように使われる。

「ノウハウ」の訳し方にはいろいろある。一般に「ノウハウ」は「秘訣」と訳しているが、見方を変えれば、「有効な時間の使い方」ということもできる。つまり、「ノウハウ」とは、仕事をするときに、いかに限られた時間を有効に使ったら儲かるか、ということである。

私たちも、アメリカから新しいノウハウがきた、というと、ソレッと飛びつくが、これまで30分かかっていたものが十分でできるようになっているのが新しいノウハウなのだ。ノウハウが、なぜ必要か、というと、現代が時間不足時代に突入しているからである。

徳川時代の1時間と現在の1時間では、価値がまるでちがう。

「下に下に」で東海道を往来していた時代の1時間と、東京から大阪まで新幹線で行ける1時間では値打ちがまるでちがってくる。それだけ、今日の時間は、貴重になっている。

その貴重な時間をどう上手に使うか。それがノウハウなのだ。

「ノウハウ」には限界がある

だからといって、ノウハウは無限に時間を短縮できるか、というと、そうはいかない。何をするにしても、一定の時間は必要である。恋のノウハウはあっても、握手をしたり、キスだけでは子供は生まれない。おシッコだって一秒ではできない。ここにノウハウの限界がある。

もっとも、食事も1秒、排泄《はいせつ》も1秒、セックスも1秒などということになれば、人生は面白くなくなってしまう。時代が進んでも、情緒のある生活に、あるていど時間をかけることは、変わらないはずだ。

ただ、ノウハウには限界があるが、その極限まではたどりつくことは可能だ。いろいろな産業を見渡しても、まだまだノウハウが極限までできているものはない。今後は、ビジネスではより時間の短縮が進み、情緒生活にかける時間はこれまでより長くなっていくのではあるまいか。

夜の次は朝だ、その朝にそなえよ

こんなことをいっては悪いが、私がマクドナルドをはじめるまでは、日本のレストラン産業は学歴のない人が大半だった。きちんとした高等教育を受けた人間がやっていなかった、というところにレストラン産業の弱さがあったといってもいい。

私にいわせるなら、東大出身者は大蔵省とか日銀などといった競争の激しいところへ行くものだから力が伸ばせないのだ。私のように誰もいないところで能力を発揮すればなんでもできるのだが、そうしようとしない。

もっとも、今でこそマクドナルドは旭日昇天の勢いで伸びているとうらやましがられているが、この12年間、人にいえない紆余曲折があったのも事実だ。

そんなとき、私は自分に、「夜の次は朝だ。今は夜だが、かならず朝がくる」といい聞かせ、歯を食いしばってがんばった。そうやって、暗い夜のトンネルをくぐり抜けたのだ。

ところが、世間には、商売がうまくいかなくなると、永遠に夜が続くもの、と思いこんでしまう人がいる。そして、夜の次も夜だとふさぎこんで自殺したりする。

そうではない。次は朝なのだ。その朝にどうそなえるかが大切なのである。

「景気が悪い」という言葉を口にするな

世の中には、ふたこと目には「景気が悪い」という人がいる。商売がうまくいかないと、自分の頭の悪いことは棚にあげて、景気の悪いせいにして、責任をすりかえてしまう。

これはまちがっている。

商売がうまくいかないのは、景気の悪いせいだ、というのは、景気の悪いことが商売がうまくいかない〝原因〟だということになる。景気の悪いという〝原因〟が、儲からないという〝結果〟を招く、という考え方だ。

そうではない。〝景気が悪い〟ということは、儲からない〝原因〟ではなく、与えられた〝条件〟にすぎないのだ。与えられた〝環境〟だといってもいい。

そういった〝条件〟のもとで、あるいはそういった〝環境〟の中で、どうしたら儲かるかを考えていかなければならない。

みんなの年収が上がらない。物価は安定している。そして、景気が悪い。

逆の発想をすれば、景気が悪いということは、世界が平和である、という証拠でもある。

つまり、世界平和の代償はものすごく高いものにつくということなのだ。

景気をよくするということは、簡単なことである。戦争をすれば景気はよくなる。〝ベトナム特需〟、〝朝鮮戦争特需〟などは戦争がもたらした景気であることを思いおこせば、そのことはわかっていただけるはずだ。

みんな、口では、永久平和をとか、核兵器反対とか、軍縮とかを主張している。けっこうなことだと思う。しかし、平和な時代は不景気である、景気が悪いことは平和の代償なのだ、ということをわからなければならない。

この平和で景気が悪い環境の中で金を儲けなければならない。それにはどうするかは、自分で考えなければならない。

景気が悪い、ということは自分が儲からない〝原因〟ではなくみんなに共通の〝条件〟なのだ。その条件をいかに克服するかが肝心なのである。

景気が悪いという〝環境〟をかえていくのは総理大臣の仕事であって、われわれの仕事

ではない。それを自分が総理大臣にでもなったようなつもりで、「いやあ、景気が悪いものだからねえ」などといっている。これでは儲かるはずはない。

自分が怠慢で、サボっていて、頭が悪いことをすべて景気が悪いことになすりつけているようでは、絶対に儲からない。こういう人は、景気がいいときでも儲からない人である。事実、景気のいいときでも、儲かっていない人はごまんといる。逆に、景気が悪いときでも儲かっている人はたくさんいるのだ。そこを考えなければならない。

「景気が悪い」ということは、いってはならない。景気が悪いことと、儲からないことは、まったく関係がないからだ。

第2章

マクドナルド・ハンバーガーは文化だ

『マクダーナルズ』と『マクドナルド』

マクドナルドで私が成功したひとつの理由は、店名を「マクドナルド」としたからである。

マクドナルドを英語読みにすると『マクダーナルズ』になる。はじめ、アメリカの連中は『マクダーナルズ』という共通の呼び名で世界にチェーンを広げているのだから、日本でもそれでいきたい、といった。

私は反対した。

「日本語というのは、3音か5音か7音で成立している。3音か5音か7音で音が切れない〝マクダーナルズ〟では、日本人には受けない。日本で事業をしたいのなら、3音で切れる〝マクド／ナルド〟にすべきだ」

そう主張した。

『マクドナルド』といえば、6音で長いが、3音ずつ切れる「マクド／ナルド」がいい、といったのだ。

日本人はこうした場合、けっして『マク/ドナルド』とは切らない。『マクド』と『ナルド』を切りはなして発音する。そのほうが、日本語のフィーリングに近く、親しみやすいからだ。もちろん、日本語のわからないアメリカ人たちは、『マクド/ナルド』に難色を示した。しかし、私も『マクド/ナルド』をゆずらなかった。

今では、押し切ってよかった、と思っている。

それと、ネーミングではもうひとつ、成功している。『マクドナルド・ハンバーガー』と、常に『マクドナルド』に『ハンバーガー』をくっつけたことだ。

『マクドナルド』だけでも『ハンバーガー』だけでもなく、最初から『マクドナルド・ハンバーガー』とふたつをひとつの商品名にして、売って売って売りまくったのだ。

表音文字の漢字民族の日本人には、これは効果があった。

たとえば「村」という漢字は「木」と「寸」でできている。単独で読めば、あくまでも「木」は「木」、「寸」は「寸」である。ところがこれが一緒になると、まったく別の「村」という字になり、意味もまったく違ってくる。

『マクドナルド』も『ハンバーガー』も片仮名であるが、これを一緒にして『マクドナルド・ハンバーガー』と続けることによって漢字的に作用させることを私は狙った。

これも狙いどおりに成功した。

看板も広告もすべて『マクドナルド・ハンバーガー』として『ハンバーガー』を『マクドナルド』からはなさなかったのが大成功だった。

つねに『マクドナルド・ハンバーガー』と続けて書いた看板を眺め、続けて読んでいるうちに、一般の人の意識の中で、両者は不可分のものになってしまったのだ。つまり『マクドナルド』と聞いただけで『ハンバーガー』を連想するようになったのだ。

先日、大阪へ行ったとき、ある人が私にいった。

「藤田さん、マクドナルドのライバル店ができましたよ。そこでもやはりハンバーガーを売っています。面白いから行ってみましょう」

そういって誘う。

「何が面白いのですか」と私がたずねると、

「とにかく行ってみればわかりますよ」とニヤニヤするばかりだ。仕方なく、その店に連れて行ってもらった。

ところが行ってみると、子供たちがやってきて、

「マクドナルドください」とハンバーガーを注文する。来る子供、来る子供、みんな、

「マクドナルドください」という。

「ね、面白いでしょう、藤田さん」

案内してくれた人はそういって笑ったが、このとき私は、『マクドナルド・ハンバーガー』と常に続けて、漢字的に表現してよかった、としみじみ思ったものだ。

漢字的表現を徹底したために、今や『マクドナルド』は『ハンバーガー』の代名詞になってしまったのだ。

今、振り返ってみて、うまくいったと思う。

日本語は、俳句にしろ短歌にしろ、すべて、5、7音が基礎になっている。日本語で語呂がいいという場合は、3、5、7音で成立している。『マクドナルド』も今では、単に『マクド』といわれることが多くなった。

「マクドの誰が来た」とか「マクドの広告を見た」というように使われている。

この前も国文学の大家の暉峻《てるおか》康隆先生とお話する機会があったが、暉峻先生も「マクド／ナルド」と三音ずつに区切って発音しておられた。私があえて『マクダーナルズ』をけって『マクドナルド』を主張したのが正しかったことは、暉峻先生が「マクド／ナルド」と発音されたことで証明されたようなものだ。

このライバル店で子供たちが「マクドナルドください」というのを聞いたとき、私は、マクドナルドは勝っている、と思ったものだ。

赤と黄色の作戦

日本にマクドナルドを開店するに当たって、**私は看板の色にも気をつけた。**そして、看板の色は赤、『マクドナルド・ハンバーガー』のかしら文字のMの色は黄色に決定した。

信号でいえば、赤は「停まれ」で、黄色は「注意」である。

街頭を歩いている人は、10人が10人、マクドナルドへ来る目的をもっているわけではない。わが社の調査によれば、客の25パーセントは、マクドナルドに来る目的で家を出ている。残りの75パーセントは、マクドナルドに行こう、という目的で街に出た人ではない。

そんな人が看板を見る。看板の赤を見て、はっとして立ち止まる。そして「注意」の黄色のMのマークをみる。その横に『マクドナルド・ハンバーガー』と書いてある。そこで、「マクドナルド・ハンバーガー。食べてみるか……」

かくして、店に入って、ハンバーガーを注文する。

この「赤」と「黄色」の作戦は、当たった。

昨今は、どの店もマクドナルドを真似て、赤と白の看板を出すようになった。中には、赤と黄色というマクドナルドの配色をそっくり真似た大手の食品メーカーのチェーン店も現れた。

ときには、紫色とか茶色の看板をみかける。私は紫色や茶色の看板を見ると、ここの経営者は一体どういうつもりであんな色の看板を出すのだろう、と首をひねらざるを得ない。あまり、人が好む色ではないからだ。そういう色の看板を見ると、私はその店の経営者が、「ウチの店には客はいらないんだ」とか、「絶対にこの店に入ってもらっては困る」といっているような気がしてならない。

舶来コンプレックスを突け

日本で米を売るのは、これほどやさしいことはない。2000年もの間、食べてきたものだからだ。ところが、その日本で、米以外のもの、とりわけパンと肉のハンバーガーを売るのは、至難のワザである。

マクドナルドは売れているが、私が銀座に1号店を出すよりも早く茅ヶ崎に1号店を出した『バーガー・シェフ』は倒産した。蝶理《ちょうり》とタイアップした『A&W』も倒産している。

日本へ上陸したアメリカのハンバーガーが全部成功しているわけではないのだ。

『バーガー・シェフ』も『A&W』も、アメリカでは立派なノウハウをもった会社である。それなのに、なぜ、日本で失敗したのかというと、彼らはその立派なノウハウを生かしきれなかったからだ。アメリカのノウハウをそのまま持ってきても、日本で生かせるかどうか、疑問である。

私が『マクダーナルズ』を拒否し『マクドナルド』の名前に固執したように、そこには日本的な演出が必要になってくる。**その日本的な演出があってはじめてノウハウは生きてくるのだ。**

『バーガー・シェフ』も『A&W』も、その日本的演出に失敗して、ノウハウを生かしきれなかったのである。それほど2000年間米を食べてきた国で、パンと肉のハンバーガーを売るのはむずかしいのだ。

マクドナルドはドイツやオーストラリアにも店を出している。ところが、パンと肉を常食としているこれらの国で、日本人が考えているほど売れていない。だから、私はドイツやオーストラリアの連中に、たるんどる、といっている。売れないはずはない、もっと売れるはずだと。

米の国でパンと肉のハンバーガーを買わせるには、演出がむずかしい。**日本人には国産の米ばかり2000年食べてきたためか、根強い舶来コンプレックスが**

ある。私は、その舶来コンプレックスを突くことにした。日本人である俺が舶来のマクドナルドを食べている。だから、俺は文化人だ、ファインだ……。そう思わせる演出を考えた。そうやって、米しか食わなかった日本人の口をこじあけることに成功したのだ。

瞬間催眠術を活用せよ

マクドナルドの女の子のサービスはレストラン業界で一番いいといわれている。

その秘密は瞬間催眠術にある。

店にやってきた日本人の客は、どういう言葉をいわれるとしびれるかというと、「ありがとうございます」という言葉である。

客だからというので、大きな態度で、ハンバーガーを注文する。

そんな客も、女の子が、「ありがとうございます」というと、しびれてしまう。ほんの3秒ぐらいの間だが、催眠状態におちいる。

催眠状態というのは無批判の状態であり、人から命令を受けて反対しない状態をいう。

客が3秒間の瞬間催眠状態にあるとき、すかさず女の子は、「コカコーラはいかがですか」ときく。

客は思わず、

「OK」といってしまう。

これでハンバーガーだけではなく、飲みものも売れるわけだ。しかし、コカコーラをすすめたとき、客が、いらない、と答えたら、マクドナルドでは、二度はすすめてはならない、と教えている。

瞬間催眠状態にあるときに飲みものをすすめるのは、一種の命令である。本来なら無批判に受け入れなければならない。

ところが、それを、いらない、と答えるのは、催眠状態から醒《さ》めたからである。

催眠が醒めると、とかく人間は不愉快な状態になりがちだ。そんな状態のときに、しつこく飲みものをすすめられると、悪感情が残る。はなはだしく感情を害した場合など、二度ときてやるものか、という気持ちになる。しかし、ことわられて二度とすすめなければ、そういった悪感情は残らない。そのように、瞬間催眠術をうまく利用しているから、マクドナルドの女の子はサービスがいいといわれるのだ。

この瞬間催眠術は、すべてのビジネスが、勉強し、活用すべきである。

銀行は銀行なりの、デパートはデパートなりの瞬間催眠術の利用法というものが、かならずあるはずだ。それを、それぞれ開発すべきである。

もっとも、マクドナルドでは、瞬間催眠術を教えているわけではない。

「ありがとうございます。コカコーラはいかがですか」

そういえ、と教えているだけである。

商売の「殺し文句」を探せ

私は、かつて、フランスやイタリアからネクタイを輸入していたことがある。はじめの頃は、この輸入したネクタイがなかなか売れなかった。そこで、私は、全国のネクタイ売場を歩いて、ネクタイの売り方を研究した。

そのときに発見したのは、ネクタイは男のものであるにもかかわらず、買っていくのは半分以上が女性であるということだった。

そこで、ネクタイ売場で立ちどまった女性に、どうすればネクタイを買わせることができるかを考え、ついに、それをいったら100パーセント、ネクタイを買ってくれる言葉を発見した。つまり、ネクタイを買う客の〝殺し文句〟を発見したのである。

その〝殺し文句〟を発見してから、ネクタイは売れるようになった。それをご披露《ひろう》しよう。

客がネクタイ売場に現れて、商品にさわって眺めている。この段階では、客のそばには行かない。５、６分たって、客がたくさんのネクタイの中から、３本か４本、選び出す。しかし、どれにするかはきめかねている。

そのときになって、はじめて、客のそばに行く。

こちらとすれば、客が買いたいと思っているネクタイではなく、売りたいネクタイがある。**その売りたいネクタイを「この3本の中ではこれが一番上品です」というのだ。**

このひとことで、客は落ちる。

「これをください」と、こちらの売りたいネクタイを買ってくれるのだ。

「どれがいいかしら」と客から助言を求められたときに「この柄がいい」とか「これが流行です」とかいっても、客には通用しない。

ただひとこと「これが上品です」といえば、それできまりである。

人間は「上品です」という言葉に弱い。

それはとりもなおさず、下品な人間が多いことを物語っている。下品であるから、なんとかして上品になりたいという潜在的な欲望がある。だから、自分が選んだネクタイのうちの一本を、ほかの人から上品なものを選びましたね、といわれると嬉しくなるのだ。

どれにしようか、と選択に困ってしまったときに、人間は催眠術をかけられやすい状態になっている。

こちらのネクタイが上品です
やだ上品だなんて
うれしい♥
ひらり…
パパーン
そちらをください

そのときに「これが上品だ」といわれると、あっさり落ちてしまうのだ。

私は、ネクタイ売り場を歩いて「上品です」というように指導してまわった。それ以後、売りにくかったフランスやイタリアのネクタイがよく売れるようになった。

女を口説くときに、耳元でこの言葉をつぶやけば絶対に女が落ちる、という殺し文句があるように、商売にも客を落とす殺し文句がある。

それを他人よりも早く発見したものが、儲かるのだ。

酒と公衆電話とジュークボックスは置くな

マクドナルドには、アルコール類はいっさい置いていない。

従業員のために置かないのだ。

アルコールを置くと、どうしても酔った客が従業員にからんだり、ふざけたりする。そうすると、きれいで朗らかな、いい従業員が集まらない。

アルコールを置いたほうが、客にはいいことは百も承知している。しかし、酒を置いたため愛敬のいい、きれいな女の子の従業員が集まらなくなると、結局、客にとってもマイナスになる。

それから、マクドナルドには、公衆電話とジュークボックスも置いていない。

公衆電話がないと不便で困る、という人もいるが、公衆電話を置くと、店が待ち合わせの場所になってしまう。

ジュークボックスを置けば、若い連中のたまり場になる。

店が待ち合わせの場所や若い連中のたまり場になると、ファミリーの客がこなくなってしまう。

マクドナルドはファミリーの客を大切にしたいから、公衆電話もジュークボックスも酒も置かないのだ。夜のアルコールで勝負するよりも、昼間、ファミリーで勝負したほうがいい。

こんな話も聞いたことがある。

拝観料をとって内部を見せているある場所で、切符を売って入場料をとるようにしたら、それまでの拝観料を料金を決めずに箱に入れさせていたころと比らべ、あがりは同じだったというのだ。切符を売る人件費がかからないだけ、従来のほうが実収入は多かったことになる。

アルコールや公衆電話やジュークボックスを置けば、それなりのメリットはあるかもしれないが、同時にデメリットも生じて、皮算用ほど儲からないはずだ。

私は、アルコールや公衆電話やジュークボックスで儲けようとは思わない。

科学する心が儲けを呼ぶ

この間、大阪のうどん屋でたずねたら、うどんは１３００年前の奈良時代からある、という。私の大好きなキツネうどんもそのころからあったそうだ。

１３００年前から続いている食いものだから、うどんはＰＲが行き届いている。

うどん、といえば、説明はいらない。誰でも知っている。しかし、ハンバーガーはそうはいかない。いまだに知らない人もいる。なにしろ、日本では、まだ12年の歴史しかない。

12年の歴史で１３００年の歴史と競争をするのだから、大変だ。

１３００年のほうは今さら宣伝をしなくてもいいが、12年側はそうはいかない。一生懸命、宣伝をせざるを得ない。

ところが、その12年間にとって恐ろしいのは、宣伝をしなくてもいい１３００年側が、大宣伝を開始することである。そんなことをされたのでは、12年の歴史などはひとたまりもない。

だから、正直なところ、うどん屋はこわい。

ところが、１３００年の歴史にアグラをかいているうどん屋は、まったく宣伝はしない。

マクドナルドに反攻のそぶりすらみせない。

私は、うどん屋はもったいないな、と思う。

マクドナルドはあらゆることが科学的な根拠の上に立って組み立てられている。

たとえば、ハンバーガーと一緒に客にすすめるコカコーラは、摂氏4度がもっともうまいとされている。だから、全世界共通でコーラのディスペンサーの温度は、摂氏4度にセットされている。そこまで温度管理をきびしくしているのだ。

私はうどん屋で、うどんのおつゆの一番うまい温度は何度か、とたずねてみたことがある。ところが、うどん屋は、何度だ、とも答えられなかった。

更科《さらしな》ソバのザルソバのタレの温度にしても、何度がもっともうまいか、誰も科学的に研究していない。

そういったことを、うどん屋が本腰を入れて科学的に研究をはじめたら怖いと思う。

300年の歴史にアグラをかいているのではなく、研究をすべきだと思う。

ところで、マクドナルドのハンバーガーのパンの厚さは17ミリである。

この厚さが、人間の口に入ったとき、一番おいしいと感じるパンの厚さなのだ。

しかもパンの気泡は5ミリが一番うまいということで、マクドナルドのパンは全部5ミリの気泡になっている。

パンの厚さひとつとっても、金をかけ、科学的に研究をして、結論を出しているのである。ところが、**うどんの太さは直径何ミリが一番うまいか、とたずねても、答えられるうどん屋はいない。**

すし屋にしても、トロ、イカ、エビ、アオヤギ、それぞれに脂肪分などに応じて、一番うまい温度があるはずだ。また、1回に握る米の適量は何グラムが一番うまいか、数字ではじき出すことはできるはずだ。

だから、摂氏何度のシャリの上に、摂氏何度のネタを乗せ、何グラムの大きさに握れば一番うまいかは、科学的にはじき出すことは可能である。

そうやって、もっともうまいすしを科学的に研究していけば、すしも、もっと売れるはずだ。

さらに、『マクドナルド』では、パンにはさむ肉は100パーセント牛肉を45グラム使っているが、これは暑さXミリの鉄板で、表面温度はY度に保ち、Z分半焼いている。これが一番うまいという科学的研究のもとにつくっているのだ。X、Y、Zは企業秘密であるから、ここで明かすわけにはいかない。

日本食について、そういった科学的な追求がなされなかったのは、日本のコメがあまりにもうますぎるからだ。

たきたてのゴハンは、何もなくてもおいしく食べられる。

農民が2000年もの年月をかけて開発した米のうまい味に、日本人はもたれかかって、科学的に美味を追求する気持ちを失ってしまったのだ。

中華料理がうまいのは、あまりにも米がまずいから、美味を追求するあまり、発達してきたといえる。

反対に、日本人はコメがうますぎるから、伝統の食べものを科学する精神がないのだ。もっとも、そこにマクドナルドのつけ込む余地があったといえるが……。

日本人は第二次世界大戦で、レーダーがなかったために負けたという事実をもう一度、思い出すべきである。科学の差に敗れたのだ。

科学に敗れた日本人が、またもや、食べもので、科学を忘れている。これは考えなければならないことだ。

科学する心が儲かることにつながっていることを、改めて強調しておきたい。

第3章

よく働く社員は宝だ

社員のために金を惜しむな

日本マクドナルドでは、社員のために、毎年1000万円の金を捨てている。といっても、なにも溝に捨てているのではない。

社員とその家族に万一のことがあったときにそなえて、東京の荻窪の衛生病院と大阪の警察病院に合計1000万円を払って、ベッドを確保しているのだ。

社員とその家族に、もしものことがあっても、ただちに手術ができる態勢を整えている。だから、日曜日に倒れて、病院をタライまわしにされているうちに死ぬような不安は、わが社の社員に関してはない。

昨年も一昨年も、社員で倒れてかつぎこまれたものはいない。だから、年間1000万円、4年間で4000万円を丸損している計算だが、そのために社員が安心して働けるのであれば、結局は会社にとってもプラスになる。

全社員とその家族には、いつでもこのベッドが使えるように、カードを渡してある。

そうやって社員の万一にそなえている会社は、日本にも、まだたくさんはない。

社員のために金を捨てることを惜しんではならない。

社員の奥さんの心をつかめ

私は、社員の奥さんの誕生日には、花屋から花束を届けさせることにしている。

花束といっても、何万円もする高価なものではない。

それでも、奥さん方からは、とても喜んでもらっている。

「主人が忘れている私の誕生日を社長さんに覚えていただいて、感謝しています」

そんな内容の礼状を、何通も受け取った。

日本マクドナルドでは、盆と暮れのボーナスのほかに、3月にもボーナスを出している。

これを〝決算ボーナス〟といっているが、この決算ボーナスは社員にではなく、社員の奥さんに渡すことにしている。独身者は本人に渡すが、妻帯者は奥さんに渡す。

そのために、社員は決算ボーナスを〝奥様ボーナス〟と呼んでいる。奥さん名義の口座を会社に登録してもらっておいて、そこにボーナスを振り込む。

なぜ、社員の奥さんにボーナスを出すかというと、内助の功を金銭的に認めてあげたいと思うからである。

ボーナスを奥さんの口座に振り込んでから、奥さんには手紙を送る。

『会社が今日、これだけ儲かって繁盛しているのも、奥さんのおかげです。会社で働いているのはあなたのご主人ですが、その何十パーセントかは、奥さんの力によるものだと思っています。だから、このたびお送り致しましたボーナスは奥さんのものです。ご主人に渡す必要はありません』

そういった意味の内容の手紙を出す。

この『奥様ボーナス』も、なかなか評判がいい。

「生まれて初めてボーナスをいただきました。ありがとうございます」

「ほしかったメガネを買いました」

「ボーナスで子供の服を買いました」

そんな礼状がずいぶんくる。

私は、日本の会社はボーナスの半分は奥さんに出すべきだ、と思っている。旦那が会社で十分に能力を発揮して働くことができるのは、家を奥さんが守っているからである。したがって、奥さんもボーナスを取る権利がある。

欧米諸国では、夫婦は一体で、どこへ出かけるにしても一緒である。夫婦が社会の核になっている。ところが、日本では、主人だけが核になっている。奥さんと子供はつけたしでしかない。これではいけないと思う。奥さんだって、社会の核だ、50パーセントなんだ、ということを、もっと意識づけなければならない。

私は、毎年1回パーティを一流のホテルで開き、社員を夫婦同伴で招くことにしている。その席で、かならず、私は奥さんにたのむことにしている。

「奥さん、旦那さんたちは実によくやっています。私から奥さんにお願いしたいことはひとつしかありません。ご主人の健康管理です。私はご主人を世界の一流ビジネスマンに育てていくつもりです。しかし、ご主人の健康管理までは手が届きません。ですから、健康管理だけはよろしくお願いします」

そうたのむのだ。

社員の奥さんたちは、そういうと、張り切る。

主人と私は一体なのだ、という気持ちで、張り切って、やります、といってくれる。

日本人は口では偉そうに「夫婦は一体」などと一体感を強調するが、実行はしない。私はそれを実行している。

夫婦が社会の単位である、と考えているから、社員の奥さんを社員同様に大切にする。

社員にしても、自分の女房を大切にしてもらえば、悪い気がするはずはない。

日本の会社は、旦那ばかり温泉に連れて行って、芸者をあげて騒いでいる。ところが、マクドナルドは1年に1回、私たち女房を呼んでパーティをやってくれる。じつに素晴らしい。

奥さんたちは、そういって喜んでくれる。

誕生日は公休日にしてやれ

私は、社員の誕生日はその人の公休日にしている。つまり、社員は、自分の誕生日には、会社に気がねをすることなく、堂々と休んで、家族と誕生祝いができるのである。

誕生日は社員にとって、自分の祭日であり、安息日でもある。

そうやって、自分の誕生日を家族と心ゆくまで祝って、英気を養い、翌日からの新しい戦いに備えてもらいたいと思う。

また、私は正月には全社員にお年玉を出す。

元日に顔を合わせて「新年おめでとう」といっても、ただ「おめでとう」というのでは意味がない。

お年玉が出る。少額ではあっても、お年玉が出ると、新年になって、おめでたいなァ、という実感がわく。

心から「新年おめでとう」といい、新しい気持ちで一年を働くはずみをつける役に立てば、と思って、私はお年玉を出す。

ほかにも5月5日の端午《たんご》の節句《せっく》には、男子社員にお祝い金を出す。

男子社員にだけ出してはまずいので、3月3日の桃の節句には、女子社員と社員の奥さんに、お祝金を出す。

そうやって、私は会社の人の和を大切にしていっている。

そして、私は、社員の奥さんの誕生日には花束を贈るが、社員の誕生日には、5000円をプレゼントすることにしている。

子供のいる社員には、桃の節句には女の子を持っている者に5000円、男の子のいる社員には端午の節句に5000円をプレゼントしている。

あまりほしくない品物をもらうよりは、5000円のほうを人間は喜ぶものだ。私は同じ値段の品物ならば、5000円の現金の方が価値がある、と思う。

品物には使い道はないが、5000円はどんな使い方でもできる。そこに、5000円の現金の価値がある。

奥さんの誕生日に花束を贈り、社員の誕生日や節句に5000円をプレゼントすると、浪花節だという人がいる。

私は浪花節でくすぐることも、日本人がそれを期待しているのだから、やるべきだと思う。私のことをみんなは、あの社長はガリガリの合理主義者だ、と思っている。そこで、私は、まるで正反対の浪花節でいくのだ。

浪花節は日本ではもっとも効果的な人心収攬《しゅうらん》術で、藤田はそれを利用しているだけ、と悪口をいう人もいるが、相手が喜べばいい、と私は思う。

拍手には客を呼ぶ力がある

マクドナルドでは全国で約60万人の子供の誕生日を登録してある。

その子の誕生日が近づくと、本社のコンピューターの指示で、誕生カードが送られる。それを受け取った子供が、店にくる。

こういった場合、普通の店では、その子に「おめでとう」といって、誕生日のプレゼントを渡す。ところが、マクドナルドではちがう。

そこに居合わせた社員は全員、「おめでとう」といって、その子に拍手をする決まりになっている。あまり、拍手をされたことなどない子供は、それを非常に喜ぶ。

当然、親にも報告する。そうすると、親がとても喜ぶ。喜んでくれれば、けっしてマクドナルドの敵にはならない。次もマクドナルドにしよう、という気持ちになる。さらに長い目でみれば、マクドナルドの将来にとっても、お客として非常な戦力となるわけだ。

拍手には、不思議な力がある、と思う。勲章などなかった大昔に、どうやって人を表彰したかというと、拍手である。時代は進んでも、いまだに拍手は効果がある。

とくに、子供に拍手を送るのは、効果が絶大である。

中には泣いて喜ぶ母親もいる。こちらは、営業でやっているのだが……。

事業のくずれは内からくる

先日、東京・経堂《きょうどう》に独身寮を作ったので、それを視察に行った。

全部で24室。冷暖房つきである。

ところが、トイレと洗面所がきたない。私は総務部長を呼んで文句をいった。

「こんなところに住めるものか。すぐにきれいなものに変えろ」と。

ところが、総務部長は、「予算がありません」という。

私は思わず怒鳴った。

「予算がないとは何事だ。なぜ予算を要求しないのか。文明とは清潔ということなんだ。

それはうちのスローガンでもある。こんなきたないトイレと洗面所を社員に使わせておいて、お客さんに、文明とは清潔なり、といえるはずはないじゃないか」

そういって、私はただちに、大理石の立派な洗面所に作りかえさせた。

そのあとで、入っている社員にたずねたら、「自宅にいるより居心地がいい」という。

私はこれでこそ、わが社に立派な社員が来てくれる、と思った。

その後、香港からふたり、日本へ研修にきたが、ぜひ経堂の独身寮へ入れてほしい、という。海の向こうまで、清潔な独身寮が鳴り響いていたのだ。

事業を成功させるためには外観もよくしなければならないが、同時に内側もよくしなくてはならない。

マクドナルドでは、パートで3万人ほど働いている。その大半は、学生だ。よそへ行って自分が働いている会社のことをよくしゃべる。内側を不潔にして社員を酷使していたら、たちまちいいふらされてしまう。外も大切だが、だから内もきちんとしておかなければならないと思う。

事業は内からくずれていくのが、一番恐ろしい。

第4章

黙っていては出世できない

社長と一緒に旅行をするな

サラリーマンは自分の会社の社長と一緒に旅行などするものではない。

絶対にしないほうがいい。社長と旅行をすると、永久に浮かばれなくなる。というのは、どんな立派な社長でも、人間に変わりはないから、一緒に旅行をしているうちに、同行者の欠点がどうしてもみえてくるし、気になる。

社員のほうは、一生懸命つとめているのだが、いったん欠点がみえてくると、社長のほうは何をどうつくされても気に入らない。旅の疲れと、同じ相手ばかりと鼻をつき合わせているという欲求不満がそれに輪をかける。こうなると、もういけない。

やれ、メシの食い方が悪いとか、電話の応対がまずいとか、会社では気にならなかった欠点がやたらと目立つ。そして、旅行が終わるころには、そのサラリーマンに対する評価が、従来とは一変してしまう。

「藤田さん、うちの何某《なにがし》だが、優秀な社員と思っていたが、一緒に旅行してみて、よくわかった。あんなアホとは思わなかった」

そういった愚痴は、よその社長からよく聞かされるものだ。

結婚生活でも似たようなものである。

こんないい女は世界にふたりといないと思って一緒になる。ところが、一緒になって欠点が目につきだすと、ああ、とんでもないカスをつかんでしまった、と後悔する。

それと同じことなのだ。だから、社長と一緒に旅行をすることは、出世をしたいと思ったら、避けるにかぎる。

人間距離をとっているか

車を運転する場合、前車のオカマを掘らないためには、十分に車間距離をとる必要がある。

それと同様に、人間距離《じんかん》も十分にとったほうがいい。

女房がつまらなくなるのも、全部知ってしまうからだ。

一緒に旅行をするとまでいかなくても、あまり、社長には密着しないほうがいい。

私も、たまに、日曜日などに、社員とどこかへ遊びに行こうか、と出かけることがある。

その社員が、気をきかせて車を持ってきたりすると、うしろからついていくことになる。ところが、そのうちに、運転の仕方がヘタだ、とか、信号の止まり方がなっていない、とか、欠点が目につき、ついには、あんな運転をする奴では仕事もできないに決まっている、ときびしい目を向けてしまうものだ。

人間というのは、隠しているところがあるからいいのであって、全部みせたらダメである。

社長と部下との関係にこだわらず、何日も毎日24時間一緒にいたら、そのうちに顔をみるのもいやになるはずだ。人間関係は、クエスチョンマークというか、どこか神秘的なところを残しておいたほうが、うまくいくようだ。

そのためにも、距離をおくことが大切である。

社員は社長のほうを向くな

私はいつも社員に口やかましく、仕事ができない理由を私に説明する必要はない、といっている。社長を口説いたところで仕方がない。そんなことをしても儲からない。社員は社長のほうを向いてはダメだ。外を向いていなければいけない、というのが、私の持論である。

してもらいたいことをしてやれ

人間はひとりでは何もできない無力な存在である。

事業にしても、ひとりではできない。たくさんの人の協力があって、はじめて成功するものなのだ。

たくさんの人の協力を得る、というといかにもむずかしそうだが、多くの人も自分と同じなのだ。

だから、自分がしてほしくないことを他人に対してしてはならないし、自分がしてもらいたいことを他人にしてやるべきである。

これが人を使う最高のコツなのだ。

社長はえらそうな顔をして、社員をアゴで使っておればいい、と考えたらまちがいだ。

社長がどんなにいばってみても、ひとりでは何もできないのだ。

ひとりでは、人間、酒だって何十本も飲めない。何百キロのものを持ち上げる力もない。

大きなことをやろうとすれば、ひとりの力を何万倍にも増幅させる必要がある。

それには、人がしてほしいと思っていることをすることだ。自分がされたらイヤだと思うことは、絶対にすべきではない。

女子社員は名前で呼ぶ

自分がそうされたらイヤだから、私は社員をけっして呼び捨てにはしない。男なら、かならず、〝くん〟をつけて呼ぶ。まかりまちがっても、「おい、お前これをやれ！」などとはいわない。

女子社員の場合は、私は姓は呼ばない。名前に〝さん〟をつけて呼ぶ。

「清子さん」、「由美さん」、「明美さん」と呼ぶ。

初めてマクドナルドの本社に顔を出した人から、おたくはキャバレーみたいですね、といわれたことがある。

受付の女子社員だけは、親愛の情を込めて、順子、と呼び、さんはつけない。

先日、「順子、なぜ、メガネをかけたの」と、たずねたら、

「メガネをかけたほうが、かしこそうにみえそうなので……」という。

それをそばで聞いていたマスコミの人が、「まるで、兄貴と妹みたいだ。とても、社長と社員という感じではない」と感心していた。

私が女子社員の姓を呼ばないのは、そのほうが、仕事が円滑にいく、と思っているからだ。

日本語の悪いくせ

日本人は、朝起きて、きょうは寒い、とか、きょうは暑い、と寒暖計もみないでいう。

私にいわせれば、そこがおかしい。

寒暖計をみて、「ああ、今朝は32度か、ものすごく暑いですね」とか、「6度か。こいつは寒い」というようになってこなくてはいけない。

温度と湿度がこうだから、きょうはこれを着たほうがいい、というように、数字を明確にして、生活を合理化すべきだと思う。日本人はどうもそれを嫌う傾向がある。

総体的に、日本人も日本語も曖昧《あいまい》である。

色をあらわす言葉にしても、英語には「ピンク」という言葉がある。ところが、ピンクに相当する日本語は、ない。ないから、桃の色にたとえて「桃色」という。山吹《やまぶき》色、カラシ色など、物の名をとって色を表現する。曖昧な上に言葉が少ないのだ。

英語では「イン」と「アウト」は、はっきりしている。

ところが、日本語の「お茶を出す」という言葉は「お茶を入れる」という言葉に置きかえても、通用する。ここでは「出す」も「入れる」もひとつの動作を表している。日本はそういった曖昧さの中で、持ちつ持たれつで生きている一面がある。しかし、これが国際ビジネスの世界となると曖昧ではすまされない。

「イン」と「アウト」はまったく違ってくるから、はっきりさせないと大変なことになる。「お茶を出す」のも「お茶を入れる」のも同じだ、といっても、国際ビジネスの世界では通用しない。そういったところで、国際ビジネスの世界で、日本人はいつも損をしているような気がしてならない。

生きているうちがパラダイス

戦国時代の武将に山中鹿之介幸盛《やまなかしかのすけゆきもり》がいる。

山陰の尼子氏の武将で三日月の兜《かぶと》をかぶり「我に七難八苦を与えたまえ」と祈ったのは有名である。私は、この山中鹿之介の考えに、どうしても共鳴できない。

「我に七難八苦を与えたまえ」というのは、典型的な末世思想で、私にいわせるならば、カスである。

私には、なぜ、七難八苦がほしいのか、さっぱりわからない。生きているうちにパラダイスがあってこそ、生きている価値があるといえる。月給をたくさんいただきたい、愉快な人生を送りたい、ラッキーでいたい……。そう祈るべきだと思う。

七難八苦を与えたまえ、などという末世思想は日本の進歩を阻害する以外のなにものでもない。もっと堂々と、生きていくための欲望をむき出しにしてもいいと思う。生きているうちに、パラダイスを追求すべきだと思う。

死んでからパラダイスがあっても、つまらない。

ビジネスこそ「勝てば官軍」だ

私は「勝てば官軍」という言葉が好きだ。

ビジネスは、勝てば官軍だ。また、企業は勝たなければならない。負けてから、いかにして必然的に負けたかを、立派な理屈をならべていいわけしてもはじまらない。

私は資本の論理、資本主義社会とは儲けることだと思っている。

最近、弱者救済とかいって、資本の論理をゴマ化す言葉が流行《はや》っていて、儲けることは罪悪みたいにいわれつつあるが、それは間違っている。我々は勝たねばならない。ビジネスは勝てば官軍で、負ければ賊軍、儲からない人は亡んでいくのだ。

「いやあ、景気が悪い。ウチは今、まるで売れない。それは世の中が悪いんだ」

こういっている人は、自分がバカだといっているようなものなのだ。なぜなら、マクドナルドのように、年に20％も売り上げが伸びて儲かっている企業もあるのだから。世の中のせいにするのは、己《おのれ》の勉強不足をひけらかしているようなものだ。これからは研究しなくては勝てない時代がきているのだ。


日本人は、ビジネスに勝つことに、あまりにも淡白すぎるような気がする。


日本には、負けて、ウラぶれて、ドブ板を踏みはずすような生活をして、それに耐えていくのが男だという発想がある。貧乏くさく、わびしい発想である。ところが、その発想が、日本では流行歌になる。しかし、歌にはなっても、そんな発想は金にはならない。

やはり、ビジネスは勝つことがもっとも重要なことなのだ。

勝てば官軍の発想を、ビジネスの世界では、もっとおし進めていかなければならない。

一攫千金はビジネスではない

株で儲ける、という人がいる。しかし、あんなもので儲かるものならまともな商売をする人はいない。画商なんか、10万円で仕入れた絵を１００万円で売るような荒っぽい商売をする。

私は、あっちから100円、こっちから200円とコツコツ集めるのがビジネスだ、と思う。

一攫千金はビジネスではない、と考えている。

ビジネスは洋風化であれ

明治以来、今日に至るまで、日本はずっと洋風化の道を歩んできている。

洋風化の方向をたどるのがいいか悪いかは別にして、日本が洋風化の方向に向かって走ってきたことは、否定できない事実である。

ゾウリが靴になり、和服が洋服になり、チョンマゲが洋髪になり、家もマンションや洋風の建物がふえてきた。

日本全体が洋風の波に乗って進んできたといえる。

このことは食品業界においてもいえる。食品業界だけがちがう道を歩むことは考えられない。とすれば、レストラン業界であれば、和食式のレストランが発展していくことは、まずないとみるべきである。私は、和食レストランが栄える時代は、もう終わった、とみている。

和食レストランのチェーン店を経営している人には失礼ないい方になるかもしれないが、こうした時機にチェーン化を拡大するのは時代錯誤ではないかと思う、とあるところで話したことがある。

それから間もなく、牛丼の吉野家の経営の行きづまりが表面化した。生活はインフレーションの影響で次第に苦しくなっていく。そうなると、食事は簡単にすませることができる洋風化の方向に向かうのは当然だといえる。

和服を着て裃《かみしも》をつけ、ゾウリをはく時代は二度とこないことは、はっきりしている。とすれば、ビジネスを志す人は、洋風化の方向に先まわりをして待っていなければ、成功はおぼつかない。

それなのに、日本人は箸を使って食事をするし、ミソ汁を好んで飲むから、和食レストランは発展するに違いない、と考えていたのでは、負けるのは当然である。そのような思考は博物館行きの思考であるといっていい。

どうしても、お袋の味を売りたいのであれば、博物館のような建物を建て、採算は度外視して博物館的になればいい。

世の中には、明治村からヒントを得て、江戸村なるものを都会の中につくり、火の見やぐらや村役場などを江戸時代そのままに再現し、そこで和風レストランをやろうと考えるような人もいる。

採算を度外視した博物館的なものとしてそれをやるのなら結構だが、本気でビジネスとしてやるとなると、これはかなり難しいといわざるをえない。

それがいかにお粗末な、年寄りくさい発想であるかは、やってみて、失敗して、大金をすってみて、はじめて気がつくはずだ。

世の中は洋風化の方向をとっているが、面白いことに、日本人は昼間は洋服を着、ネクタイをしめ、椅子に腰かけて仕事をするが、夜になると、自宅で畳の上の生活を楽しんでいる。これは、いったいどういうことなのか。

昼間、背広、ネクタイ、椅子ならば、夜も椅子、ベッドにすれば完全な洋風化になるのだが、夜は畳に浴衣、着物という人が多い。

日本の文化、和風の生活の中には、武士道と江戸時代の儒教思想が合体したものが、たくさん残っている。

人に会ったとき、頭をさげて挨拶をする。「おはよう」とか「さようなら」の挨拶もそうだ。武士道と儒教思想の合体したものの名残りである。

心の豊かさ、ゆとり、リラックス、などという言葉で表現されているものは、武士道と

儒教思想が合体したものだ。

昼間の椅子、ネクタイ、背広の生活は、洋風化されたものだが、くたびれるヨーロッパ合理主義である。その、くたびれるヨーロッパ合理主義的な考えを夜は捨て、日本式の生活にかえってエネルギーをたくわえるのが日本人だ。

そうやってエネルギーを回復し、翌日はまた満員電車に揺られて、合理化・合理主義の生活を始めるというのが、大半の日本人の日常生活である。

日本人が生活を昼も夜もヨーロッパ合理主義にしてしまうときは、立ったままシャワーを浴びるのが日常化し、しゃがんで入る風呂を追放するときである。

欧米人は、仕事から帰ると、立ったままシャワーを浴び、また洋服を着る。しかし、日本人は今でも大半の人が、しゃがんで湯舟に入り、浴衣やドテラに着替え、畳にすわる。

家の中では、わざわざ椅子にすわってまで、あぐらをかく人も珍しくない。

ヨーロッパ合理主義から武士道と儒教の日本風の生活に切り替えるのは、湯舟でしゃがむときである。

私は仕事柄、世界を飛びまわっているが、外国ではリラックスできるときがほとんどない。**そんなとき、バスタブに湯を入れ、そこに寝るのではなく、しゃがんでみる。**そうすると、ああ、これだ、と思う。リラックスできるのだ。

世の中は洋風化の方向をたどり、金儲けをしたいなら、洋風化の先まわりをして待ち受けなければならないが、同時に日本人は洋風化と反対のところでくつろいでいるのも確かである。くつろぐのは日本風でいいが、ビジネスは洋風化でなければならない。

スランプになったら外国へ行け

欧米のホテルには、ビデがそなえつけられてあるのが常識である。

ところが、日本では一流ホテルでも、これをそなえつけているところは、ほとんどない。いずれは、シャワーにビデの生活が当たり前になる時代がくるはずだが、そうなるまでには、まだ、150年はかかるとみている。

世の中は、面白いもので、あまり急速に進むとカネにはならない。少しずつ変わるのがいい。急激な変化には人間のほうがついていけないからだ。

世の中はゆるやかに変わりつつあるが、それがどう変わっているかは、なかなか自分の目でとらえることはむずかしい。それを見たいと思えば、日本をしばらく留守にするのが一番である。外国へ行ってくると、日本の変化がわかる。

とくに発展途上国へ出かけて、帰ってくると、日本の文化の発展の度合いがよくわかる。

たとえば、私は先日も香港へ行って買物をした。すると、売り手は、勝手に持って行け、といわんばかりに、品物を放って寄越す。品物の数を勘定するのもこちらがやらなければならない。

それにくらべると、日本では、デパートなどではきちんと買ったものを包装してくれる。そんな小さなことでも、日本はいいな、と思う。ところが、日本にばかりいると、そんなことがわからない。

洋風化の先まわりをして金儲けをしたいと思うなら、外国に出かけて、しばらく日本を留守にするのも、ムダではない。

第5章

私は頭で天下を取った

高い税金が日本をダメにする

現在、日本マクドナルドには、社員やアルバイトなど、約3万人の人間が働いている。つまり、私はアメリカからハンバーガーを持ちこむことによって、3万人の人間に職場を提供しているわけである。

これは、直接、日本マクドナルドに関係している人で、間接的に関係している人の数はもっと多くなる。

日本マクドナルドの今年の売り上げ高は850億円だが、その約半分は原材料費である。原材料費が約400億円ということになる。その数字からはじき出しても、約200万人の人が当社に関係しているのだ。

約200万人の人が、多かれ少なかれ、当社でメシを食っているのである。

約200万人の人に就職のチャンスを与えたということは、自分でいうのもおこがましいが、大変なことだと思う。従来になかった新しい就職先をこれだけ多くの人に創造したことは、もっと評価されてもいいのではないだろうか。

日本では70歳になったら自動的に勲章がもらえるしくみになっていて、春の叙勲、秋の叙勲で勲章を出しているが、私のような、無から有を生じた者には年齢に関係なく勲章を出し、評価すべきである。

べつに勲章がほしくてこんなことを書いているわけではないが、200万人に就職のチャンスを与えたことは無視されるべきではないと思う。

日本マクドナルドだけではなく、ソニーにしても新製品を開発しているし、日清食品もカップヌードルを開発し、新工場をつくり、人間を動員してきた。関連産業まで含めると、就職のチャンスを与えた人の数は膨大《ぼうだい》なものになるはずだ。

そういった新しい仕事を起こすことは、非常にいいことなのである。こういった会社をもっと評価し、ときには税制面の特典といったものも考えてもいいのではないだろうか。そうやって企業家マインドを高めることは日本のためになることである。

税金の話になったから触れるが、累進課税の最高税率が国税と地方税を合わせて93パーセントというのはムチャクチャである。

世界にも類をみない、こんな高すぎる累進課税の税率を国民に押しつけて平然としている政府は、けしからんと思う。発展途上国であればともかく、文明国で、所得税最高75パーセント、地方税最高18パーセント、合計93パーセントもとる国はどこにもない。

アメリカでも、最高50パーセントである。

松下幸之助氏が「国から7パーセントの手数料をいただいている」とおっしゃったそうだが、まったく同感である。

昔は「四公六民」といって、幕府が4つ取って、6つは国民にやっていた。ところが今は「九公一民」よりもひどい状態である。

私は、なにも金持ちの味方をしようと思って、高すぎる累進課税に文句をいっているのではない。このまま、こんな無茶な税金のとり方をしていると、国の将来が危なくなる、と国家のことを憂《うれ》うからである。

げんに、30代、40代の大望を抱いた有能な人たちが、どんどん日本を脱出し、外国に住みはじめている。そんな人たちに外国で会って「なぜ、日本に住まないのか」とたずねると、あんな税金の高い国にいたのでは働く気がなくなる、と異口同音に答える。

これから金儲けをしてやろう、と夢を抱いている働き盛りの人たちは、日本の税制に失望して、国を捨てはじめているのだ。このままでは、日本には金儲けをする気もないカスばかりが残ってしまう。そうなったのでは、日本に将来はない。

有能な若者たちだけではない。稼いでも稼いでも、93パーセントを税金でもっていかれたら、企業家だって本気で働く気持ちを失ってしまう。

社長が企業家マインドをなくし、1000万円から2000万円の所得がある中間管理職も、アホらしいからできるだけサボろうとする。そんな国になったら、日本はダメになってしまう。

若者を日本に引きとめるためにも、経営者に企業家精神を起こさせるためにも、この累進課税率は即刻、改めるべきである。

私も毎年3月15日に所得を申告するとき、高い税率に、1年間、オレはなぜ働いてしまったのだろう、と後悔する。

毎年、来年はヤメよう、と思う。

しかし、3万人もこれでメシを食っているのだ、と思うと、オレがヤメればみんなが迷惑するから仕方がない、と考え直し、また働く。若い時は金がほしかったから働いていたのだが、いまや、まったく社員のために働いているようなものだ。社員のため、世の中のために働いているようなものだ。

税金のことを考えると、本当にアホらしい。

税金のことを考えてもアホらしくない文明国に日本をしなければならない。暴動が起こらないのが不思議なくらいだ。

それでもなお、熱心に働くという人がいたら、その人はぜったいに脱税をしている。かならずごまかしの帳簿外の収入がある。

政治家はこの6年間、これだけ税金をふんだくっておきながら、減税をやろうとしない。自民党だけではない。野党も知らん顔をしている。

それもこれも政治家には無税の逃げ道が用意されているからだ。

政治家に、実際に儲ける者の身になってみろ、収入の93パーセントを税金でもっていかれる者の身になってみろ、といいたい。

新聞もなぜこんな無茶な累進課税に無頓着《むとんちゃく》なのだろう。

金持ちは泥棒じゃない。みんなが鰻丼《うなどん》を食べているときに茶漬けを食べて、金を残すように努力している。それを金をもっている奴は悪い奴のようにみるのはまちがっている。

もっとも、中には脱税して女をかこってうまいものを食べてる悪い奴もいるが……。

どうも、税金のことを考えると、腹が立つやら、情けなくなるやらで、元気がなくなる。

現在のムチャクチャな累進課税率を政治家たちが改めようとしなければ、日本という国はほろびる、と断言できる。

捨てることから教育せよ

マクドナルドでは、つくってから10分間が経過したハンバーガーは捨てることになっている。同様に、フライドポテトはつくってから7分間経過したら捨てることがきめられている。食べようと思えばいくらでも食べられるものを、なぜ捨ててしまうかというと、お客様にいつも温かいものを提供するためである。

ところが、食べようと思えばいくらでも食べられるものを捨てろというのだから、はじめて入ってきた社員はずいぶん抵抗を感じるらしい。もったいない、という。

無理もない。

日本人は仏教や儒教的な発想に支配されていて、小さい頃から食べるものを捨てるなんてもったいない、そんなことをするとバチが当たるといって育てられている。だから、捨てろ、といっても、なかなか捨てられない。

しかし、マクドナルドでは、お客様に温かいものをサービスするために、あえて時間を区切って、それを超過したものは、どんどん捨てているのである。さめてしまえば味が落ちる。そんなものは、いくら食べられる状態であっても、捨ててしまうのが本当の顧客サービスであると思う。

日本人は、朝起きてから夜寝るまで、仏教・儒教思想に支配されているところがある。仏教・儒教思想の悪口をいうつもりは毛頭ないが、これが日本の発展を阻害しているともいえる。

仏教・儒教思想もけっこうだが、さめてしまった料理はお客に提供せずに、思いきって捨ててしまう、というように、ときには仏教・儒教思想からはなれてモノを考えてみることも必要である。

ひとつの思想にとらわれて、ほかの見方ができないことは、マイナスにしか作用しない。

欧米人には仏教・儒教思想がない。だから、食べものでも、客に出せば不愉快な思いをさせると思えば、捨ててしまうことができる。

ところが、日本人は世界中の人間がみんな仏教・儒教思想の持ち主だと錯覚しているところがある。そのために、欧米人とものの考え方でかみ合わないところが出てきて、損をしている。

舶来コンプレックスと攘夷論は紙一重だ

日本マクドナルドは、店の中に、アメリカの国旗を出したり、アメリカの地図を出したりすることは禁止している。アメリカからもってきたハンバーガーを売ってはいるが、アメリカを想起させるものは、店にはいっさい置かないことにしている。

『マクドナルド』とカタ仮名では書いているが英語では書かない。

というのも、日本人の精神構造は二重になっているからである。

表面的には舶来コンプレックスが強く、外国人に対してはわけもなくニコニコしている。ところが、その笑顔の下では、このアメリカ人め、と思っている部分がある。舶来崇拝と尊王攘夷論が日本人の中では紙一重で重なっているのだ。

だから、私は店にアメリカを思わせるものを飾ったり置いたりすると、舶来コンプレックスと重なっている攘夷論を刺激するからダメだ、と禁じているのである。

つまり、舶来コンプレックスをそのままオブラートに包んで飲みこませてしまうことに主眼を置いているのである。そのためには『マクドナルド・ハンバーガー』はカタ仮名で書け、英語で書いてはダメだ。いわんや、星条旗などはダメだ、アメリカの地図もダメだ、という方針でやっているのである。

日本人はあまり、アメリカ、アメリカとやられると、いやがってしまう。口に出してはいわないが、そういうものをきらっている。

商売をする上で、舶来コンプレックスと攘夷論が、日本人の中で二重構造になっていることを認識し、それを逆手にとって利用することは大切なことである。

ついでに書いておくと、日本人の心の中では神道と仏教が二重構造になっている。

私の推測では、その昔、南方からフンドシをしてこの国へ上陸してきた人たちは、神道の鳥居《とりい》をもってきたと思われる。フンドシ・鳥居派である。そこに1300年前に仏教が渡来してきた。

つまり、仏教は渡来なのである。これが舶来・仏教派である。

このフンドシ・鳥居派と舶来・仏教派が日本人の中で同居をはじめ、二重構造を形づくった。

そして、日本人は、結婚式は神前でやり、死んだら葬式を仏式でやるということを抵抗なく受け入れるようになった。生きているうちは、フンドシ・鳥居派でいき、死んだら舶来でいこうというのである。葬式を仏式でやるというのも舶来崇拝の変形である。

もうひとつ、ついでにいっておきたい。

ペリーだと…？
攘夷じゃあああぁぁぁ!!
SINCE 1853
日本人の精神構造……
SINCE 1945
アメリカ最高ッ!!
コ・

靖国神社に総理大臣が参拝するときに、きまって問題になるのが、私人としてならいいが、公人としてならいけないという奇妙な理屈である。

国のために死んだ人をまつっているところに総理大臣が頭をさげにいって、なぜ、悪いんだ、といいたい。

問題は靖国〝神社〟という呼称にある。〝神社〟というから、神社法の適用を受け、一つの宗教に総理大臣が肩入れする形になるからいけない、という論法が出てくる。

靖国神社という名称を変えて〝無名戦士の廟《びょう》〟とか〝英霊の廟〟というようにすれば、総理大臣が公人の資格で参拝しても問題はなくなる。

そういうふうにすべきだ、と私は思う。

ハンバーガーはカルチャーショックである

私のところには、時おり、外国人の記者が取材にやってくる。

彼らは、私を取材するのは、私が日本人の食生活を根底からくつがえすようなことをしているから非常に興味があるからだ、という。

私は、ハンバーガーは仏教伝来以上のカルチャーショックを日本の国民に与えた、と彼らに話す。事実、米と魚を２０００年も食べてきた日本人に肉とパンとポテトを食べさせるのは、カルチャーショックであり、その影響ははかりしれない。

単に、米がパンに、魚が肉にかわっただけではない。

米と魚の時代は、日本人は食卓について、箸を使って、お行儀よく静かに食事をしていた。ところが、ハンバーガーには箸は不要である。手づかみで食べる。食べながらおしゃべりをしてもいい。雑踏のド真ン中を歩きながら食べてもいい。忙しければ、仕事をしながら食べることもできる。

つまり、ハンバーガーは食べものの材料だけではなく、食事の作法までも、変えてしまったのである。これは、もう、食事の革命である。

売り上げ増を保証するすごいやり方

アメリカに『サイモンマーケティング』という会社がある。ブラウン氏とスタントン氏という二人が会長と社長をしている会社である。

そのスタントン氏が、アメリカから電話をかけてきた。

「アメリカマクドナルドは、当社が開発したゲームプロモーションを、５年ほど採用して売り上げを伸ばしている。日本マクドナルドでも採用する気はないか」

スタントン氏はそういう。

「日本人のやっていることをみたら、ガラガラ回して出てきた玉の色で商品が当たるとか、くじ引きで当たるとかいうのをやっている。今はそんな時代じゃないんだ。われわれの開発したゲームプロモーションこそ最高なのだ」と、なかなか鼻息が荒い。

聞いてみると、客にカードを景品として出して、爪でカードの隠されている部分をこすって、下の文字を浮かびあがらせ、当たったものを客にプレゼントするという新手のカードくじである。簡単なゲームを楽しみながら、当たればプレゼントがもらえるので、客に人気があり、採用すれば確実に儲かるらしい。

スタントン氏の話によると、アメリカマクドナルドでは、このカードを7億枚使い切ったという。全米の人口が2億人だから、7億枚というのは全人口の3・5倍である。これはすごいというほかはない数字である。

「よし、それじゃ、日本に説明にきてくれ」

私は興味をそそられたので、そういって電話を切ろうとした。

「いい忘れたことがある」

電話を切りかけた私に、スタントン氏はいった。

「なにかね」

「私が日本へ行って、2時間ほどゲームプロモーションの説明をすると、10万ドルをいただくことになっています。まず、2時間の講義代の10万ドルをわが社あてに送金してほしい。送金がなければ日本に行くわけにはいかない」

スタントン氏はそういう。

「なぜ、10万ドルも払わなければならないのかね」

私は聞き返した。

「私が2時間、ゲームプロモーションについて講義をするということは、われわれの開発したノウハウをあなたに教えることである。教えたあとで、あなたが、採用しない、といったら、ノウハウ分を丸損することになる。だから前金で10万ドルくれなければ、日本へ行くわけにはいかない」

「ああ、そうですか」

私は要求を聞くだけ聞いて電話を切った。

私も時には講演の依頼を受けて、2時間しゃべって、講演料を30万円とか50万円とかいただくことがある。しかし、2時間10万ドルの講演料はいかにもバカ高い。10万ドルといえば、約2400万円である。1時間1200万円、10分間で200万円という計算になる。10分間200万円は高いとしかいいようがない。

私はアメリカマクドナルドの本社へ電話をして、スタントン氏から2時間の説明で10万ドル要求されたことを話した。

アメリカマクドナルド本社は、スタントン氏の要求は当然だという。アメリカマクドナルドもゲームプロモーションの説明をサイモンマーケティング社から受けたときに前金でノウハウ料を払った、というのだ。

私は、それを聞いて、スタントン氏に電話をした。

「前金で10万ドルよこせというが、アメリカマクドナルドは、すでにサイモンマーケティング社に金を払ったといっている。日本マクドナルドはアメリカマクドナルドとの合弁会社だから、おたくに金を払う必要はない。お前のところは2回も金をとるつもりか」

スタントン氏にそういった。

スタントン氏は笑いながら、

「それじゃあ、まあいい。日本へ行って説明してあげましょう。ただし、このことはほかの社にいってもらっては困る。ほかからは合弁会社だろうとなんだろうと、そのつど、講義料はいただいているのでね」

といった。来日したスタントン氏から、2時間説明を受けてみると、なるほど自慢するだけあって、すばらしいアイデアである。

「1ヵ月、このプロモーションをやると、おたくの売り上げは16パーセント伸びる」

スタントン氏はきっぱりといった。

「16パーセントも売り上げが伸びるなんて、いい加減なことをいってもらっては困るよ。そんな数字をあんたは保証できるのかね。いくら売りこみのためだといっても保証もできない数字をあげるのはよくないね」

私は意地悪くつっこんだ。ところが、スタントン氏は、

「16パーセント売り上げが伸びることは、保証する」という。

これには、今度は私が驚いた。

「16パーセントの売り上げ増を保証するからこそ、説明だけでも10万ドルくれ、といったのだ。インチキな話じゃない」

スタントン氏は絶対の自信をもっていた。

16パーセントの売り上げの伸びがどんなにすごいものか、数字をあげて説明する。

かりに、日本マクドナルドで1ヵ月間の売り上げが100億円ほどあるとしよう。サイモンマーケティング社の開発したゲームプロモーションを1ヵ月間採用したとすると、売り上げは116億円になる。

売り上げは116億円だが、コストは100億円の売り上げの中で、すでに全部償却している。つまり、16億円の伸びの分には、電気代も人件費も家賃も、なにもかからない。必要なのは肉とパンの原価分だけである。

「そうすると、16億円の売り上げ増のうちの6割は、藤田さん、あなたの儲けだ。16億円の6割といえば、約10億円だ。それがそっくりあなたの儲けになる。こんなに儲かることを教えたのに、なぜ、2400万円を惜しがるのだ。あなたは10億円儲かる、わたしはたったの2400万円しかいらない、というのに」

スタントン氏はそういう。

日本にも、電通とか博報堂とかの広告代理店・販売促進会社はたくさんあるが、これをやれば何パーセントの売り上げの伸びを保証します、というところは1社もない。

自分たちの開発したものに、絶対の自信を持ち、何パーセントの売り上げの伸びを保証する、というのは、これはもう、すごいというほかはない。

お客をゲームに参加させろ

私はゲームプロモーションの説明を聞きながら、カードの実物を見せてもらった。

カードには、最高3000円から、2000円、1000円、と賞金額がいくつか印刷してあって、その上を銀色の膜でおおってあった。客がその銀色の膜をカードの指示にしたがってツメでこすってはいでゆき、同じ額の賞金の印刷してある部分をふたつ当てれば、その賞金がもらえるという仕組みである。

「これでは、当たりの場所を覚えられて、そこばかりをあけられたら損をするではないか」

と、私は尋ねた。

「カードは600種類つくります。2カ月間に600回店に来る人はいないから、600通りのカードをつくれば、毎回、同じカードが同じ客に渡されることはありません。前回は当たったけど、今回、同じところをあけたらちがっていた、ということになります。大体、カードを受け取った人が、一番最初にどこをあけるかは心理学的にわかっている。だから、当たりをいくらにして、出る賞金がいくら、と計算できる」

スタントン氏はこれまた自信をもって答えた。

「アメリカ人なら、最初にどこをあけるかわかるだろうが、日本人はそうはいかないのではないか」

そういうと、

「日本人もアメリカ人も、人間の心理状態は同じだ」と、答える。

そこで、半信半疑で、サイモンマーケティング社とゲームプロモーションの契約をした。600種類のカードを2億円で買ったのだ。

それで、ゲームプロモーションをやってみたら、驚いたことに、ピタリ、売り上げが16パーセント伸びた。

さすがにこれには私も舌を巻いた。

「なぜ、16パーセント伸びるのかね」

私は、スタントン氏に教えを乞うた。

スタントン氏はニヤニヤしながら、

「簡単な計算だ」という。

しかし、その簡単な計算については教えてはくれなかった。

「もっと金をくれなければ教えられない」

そういうばかりである。

昨年と一昨年で、日本マクドナルドはこのカードプロモーションを五回やった。

くやしいが、売り上げは16パーセント伸びた。

このゲームのミソは、客にカードの銀色の膜を消させることである。

客が受け取ったカードには、かならず、当たりが入っている。へたに消すと、当たりは出てこないが、うまく消していくと当たりが出てくる。そこに客は興味を持ち、カードが欲しいから店にくる。客に自分でカードの銀色の膜を消させるところがこのゲームの人気の秘密だという。

聞いてみれば、コロンブスの卵である。

こういった客が参加するくじ引き。これが今、アメリカで大当たりをとっているのだ。

私は間もなく、日本中でカードのゲームくじをやる時代がくる、と思う。

テレビでも、視聴者参加番組が人気を得ているが、くじ引きも、客を参加させるものが主流になる、と私はにらんでいる。

げんに、最近では宝くじでもこの方式をとり入れてきた。

現代人は自分が参加できるものに興味をもつのである。プロ野球の観客も、ただ見るだけではなく、一生懸命、声を合わせ、声援を送ってゲームに参加している。

これからは参加の時代である。

拾った100円玉はどうするか

日本マクドナルドでは、収益金の計算項目の中に〝店の中に落ちていたお金〟という項目がある。

厳密にいうなら、拾得金は交番へ届けなければならない。

もちろん、店の中に、1万円とか10万円とかいう大金が落ちていたら交番に届ける。

しかし、店の中に落ちているお金といえば、大体、10円玉か、せいぜい100円玉である。小銭しか落ちていない。

それを逐一、交番に届けていたらどうなるか。日本の交番業務はマヒしてしまう。

だから、〝拾得金〟の項目に入れて処理することにしている。

私が「日本マクドナルドでは、店の中に落ちていたお金を拾ったクルーはマネージャーに届け出るのだ」というと、アメリカ人の友人は腹をかかえて笑う。

「なにがおかしいのだ」とたずねると、

「床に落ちていたお金を拾ったら、なにもマネージャーに届けることはない。自分のポケットに入れてしまえばいいではないか」という。

落ちているものは自分のものだ、というのが彼らの考え方なのである。

そこがわれわれ日本人とちがう。

日本人は、落ちているお金をネコババすれば、仏様がみていて天罰がくだる、などという。だから、正直に届け出る。

どっちがどうとはいえないが、彼らと日本人には、物の考え方に、100円玉ひとつを拾った場合でも、これだけのギャップがある。

社員に「やる気」を起こさせるのは簡単だ

他社の社長と話をすると、どうやれば社員にやる気を起こさせることができるか、ということが、よく話題になる。

私は簡単なことだと思う。

社員が自分の仕事に使命感をもつようにしていけば、自然にやる気を起こすものである。

こういう仕事をやれば世の中のためになるんだ、人のためになるんだ、ということを社員に教えていけば社員はやる気を出すものなのだ。世の中のためになる、人のためになる、ということは、裏返せば自分のためになるということでもある。

逆にいうならば、ビジネスは、世の中のために役立つものであり、社会の進歩に貢献《こうけん》するものでなければダメだということになる。そういう仕事でないと、社員にやる気を起こさせることはむずかしい。

古今東西の歴史をひもといてみても、社会のために役立つ仕事でないと、成功しないことは一目瞭然《りょうぜん》である。

社員は仕事を通じて社会の進運に寄与したいという気持ちをもっている。ただ月給をもらうために会社に出社しているのではない。そこを経営者は考える必要がある。

私は、マクドナルドのハンバーガーを売る仕事は、日本で一番国民のためになる文化的な価値がある仕事だ、と社員にいい、自分でもそう思っている。

そういう仕事だから、日本一高い給料を払うようにしたいと思っている。

社員を金持ちにせよ

明治以後の日本の資本主義の発展の推移を眺めると、会社の経営者とかオーナーで金持ちになった人は多い。しかし、社員を金持ちにした社長というのはひとりもいない。

私は、自分が儲かるばかりでなく、社員を金持ちにしてやろう、と考えている。これに成功すれば、私は社員を金持ちにした最初の社長ということになる。

社員を金持ちにするために、私が考え出したのが〝社員フランチャイズ制度〟である。手っ取り早くいうと〝のれん分け〟である。

日本マクドナルドに10年以上勤めた社員が希望をすれば『マクドナルド』という名前で

商売をするのを許してあげようというのである。

すでにそうやって独立していった〝のれん分け〟の店が30店ほどあって、いずれも盛業中である。

10年間以上つとめた社員が独立を希望すると、250万円の保証金を用意すれば、『マクドナルド』の自分の店がもてるのだ。

250万円以外は全部リース会社が面倒をみる仕組みだから、莫大な自己資金を準備する必要はない。

マクドナルドのハンバーガーの味をそこなわないように、仕入れは本社の配送センターから買うことになっている。だから、仕入れに頭を悩ませることはない。10年間マクドナルドで学んだノウハウを生かせば、立派に店をやっていける。

私は、独立を希望する社員に、ひとつだけ条件を出している。かならず夫婦一緒に店をやること、という条件である。

10年以上働いた有資格者で独立を希望する者は、そのことを申し出て、10万円払って登録しておく。社員フランチャイズの店のロケーションは本社がやる。社員は店を出す場所を探す必要はない。

本社が探してきた場所に、独立希望者3人ほどに、あなたはここでやりたいかどうか、とたずねる。そうやって、そこならぜひやりたい、という者がいたら、独立させるのだ。

自分の店をもった者は、従来にもまして働く、8時間労働だなどとはいっていない。24時間でも働く。だから、当然、売り上げものびるし、利益も出る。こまめに電気をとめたりガスをとめたりして、ムダな経費をかけないから儲かる。

しかも、ひとり1店とはかぎっていない。能力のあるものには何店でも店を出させてあげようというのである。能力を生かして何店もの店を経営していくうちに、かならず巨万の富を築く社員が出てくるはずである。

こういう制度があると、社員は本当にやる気を起こして働くものである。

社員に巨万の富を築かせてやろう、という発想は従来の経営者にはなかったものである。これまでの経営者は、自分だけが儲けて、メカケを囲えばそれでいい、と考えているようなところがあった。

私は社員を金持ちにし、こちらは少しばかりのロイヤリティをもらえばいい、と考えている。そして、これが新しい資本主義の生き方だ、と思っている。

独立したい社員にはノレンを貸す。プロのサラリーマンでいたい人は会社にいてほしい、というのが私の考え方である。

プロのサラリーマンを何十年もつづけると、くさってしまう人材もいる。これまでの会社はそうやって有能な人材をくさらせてしまっていた。これはその会社にとって損であるだけでなく、日本の損失である。

日本マクドナルドの社員フランチャイズ制度は、サラリーマンを長くつとめるとくさってしまう人材に独立の道を開いているから、社員を金持ちにすることはあっても、くさらせることは絶対にない。

また、プロのサラリーマンでいてこそ、自分の能力を出しきることができる人もいる。そうした人には本社に残って長く働いてもらいたいと思っている。

外資系ではなく外技系だ

日本マクドナルドは合弁会社である。しかし、私は合弁会社といわれることに非常に抵抗がある。日本マクドナルドのことを、マスコミは〝外資系〟だという。私は〝外資系〟といわれることにも反発をおぼえる。

日本マクドナルドの資本は、日本が50、アメリカが50である。資本は半々だ。けっしてアメリカ側がたくさん出しているわけではない。だから〝外資系〟という言葉で片づけられるとカチンとくる。

ハンバーガーの技術は確かにアメリカからもちこんだ。だから、日本マクドナルドのことをいうのであれば、〝外資系〟ではなく、〝外技系〟とでもいってほしいと思う。

外国の技術、ノウハウは使っているが、外国の資本に頼ってやっている会社ではない。早くいえば、自分の金でやっている会社なのだ。

合弁会社ではなく合金会社だ

それから日本マクドナルドのことを〝合弁会社〟だというが、この〝合弁〟という意味がわからない。どうせ呼ぶなら、これまた〝合金会社〟といってもらいたい。

というのは、鉄はさびるが、ステンレスはさびないからだ。ステンレスがさびないのは合金だからである。合金というのは金属と金属を合わせてつくるが、できあがった合金は元の金属よりもはるかに強く、いいものになる。

日本マクドナルドは、日本人だけの考え方ではなく、アメリカ人と日本人がいい考えを出し合ってやっている企業である。アメリカと日本の経営のいいところをドッキングさせて、より強いパワーを生み出している。

だから、合弁ではない。合金会社である、と私はいっているのである。

一般的に、会社は、日本的な経営か、アメリカ的な経営か、というふうに分類されている。私は、両者のいいところを結びつけ、世界で最も近代的な経営を行なっているという自信がある。

日本人のもつナニワブシ的な一家主義の経営と、アメリカ人のドライな個人主義の経営は、まったく異質のもので、結びつかないように考えられる。しかし、私は、その異質なものをドッキングさせ、溶け合わさせることに成功した。

そうして、胸を張って〝合金会社〟といえる、すばらしい会社をつくり出したのである。

マクドナルドは総力戦だ

日本でマクドナルドが成功したのは、ハンバーガーがうまかったからだけではない。ただ、ハンバーガーがうまいから客がくる、というようなものではない。

「ファン・プレース・ツー・ゴー（みんなのあつまる楽しい場所）」といっているが、店全体の環境づくりも大切である。厨房のつくり方から客席のつくり方、ドライブスルーのやり方。日本マクドナルドの経営は総力戦みたいな形になっている。

総力戦だから、広告も必要である。

そういったものがうまくかみ合ったから成功したのである。

だから、マクドナルドのノウハウを一部だけ盗んで真似してみてもダメだと思う。ノウハウを盗んだほうが効果はあるかもしれないが、100パーセントうまくいくとは限らない。

RETAIL（小売り業）はDETAIL（詳細）である

英語でRETAIL《リテール》というと小売り業のことである。マクドナルドもリテール、つまり小売り業である。

このRETAILの頭文字のRをDにかえると、DETAIL《デテール》になる。DETAIL、つまりデテールといえば、こまかいことを意味する。

私は、小売り業、つまり、リテールは、こまかいこと、つまり、デテールの積み重ねであると考えている。

だから、小売り業には、一発で売り上げを10倍にする、というような方法などは存在しない、こまかいデテールを積み重ねて、それをうまく組み合わせて成功するしかない。そういった努力なしで成功はありえない。

マクドナルドには2万5000ものノウハウがある。

そのノウハウの組み合わせで、儲かるようになっている。

たとえば、マクドナルドのカウンターの高さは92センチと決められている。80センチでもなければ、70センチでもない。92センチである。

どうして92センチになったかというと、科学的な調査で、人間がポケットから一番お金を出しやすいカウンターの高さが92センチだとわかったからである。背の高い人もいれば低い人もいる。そういった個々の背の高さを超えて、人間は92センチのカウンターの前でポケットから一番お金が出しやすいのである。

人間がポケットから一番お金が出しやすいカウンターをつくって商売すれば、絶対に儲かる。ポケットからお金を出したくない高さのカウンターをつくって商売をしたのでは、儲かるはずはない。

カウンターの高さはノウハウの中のひとつにすぎないが、そういったデテールの積み重ねが小売り業なのである。

つまり「リテールはデテールである」といえる。

それをしらずに、一発勝負をしようとする人がいる。なにかうまい方法はないか、とか、一攫千金の話はないかといって目の色をかえている人がいる。小売り業で一発で大当たりがとれるものがあると思っている人は多い。

そういう人は、宝くじを買ったり、株をやったりして、スッテンテンになってみるといいと思う。スッテンテンになって目がさめないかぎり「小売り業はデテールなり」ということに気がつかないからだ。

一番おいしいのは母乳をのむ速度なのだ

マクドナルドには、独特のシェイクという飲みものがある。私はこれに『マックシェイク』という名前をつけた。

アメリカマクドナルドでは、『ミルクシェイク』と呼んでいるが、日本で『ミルクシェイク』というと、従来からある『ミルクセーキ』と混同されかねない。シェイクは、まったく新しい飲みものである。そこで、日本では『マックシェイク』というネーミングでいこう、と私は新しい名前をつけた。

『マックシェイク』はフローティング・アイスクリームである。

アイスクリームには、いわゆるアイスクリームとソフトクリームがあることはよくしられている。第三のアイスクリームがフローティング・アイスクリームである。液体アイスクリームのことだ。

マクドナルドでは、この『マックシェイク』を太いストローで飲ませている。ところが、ストローだと非常に飲みにくい。お客さんの中には、飲みにくいからフタをあけてカパーッと飲みたいという人もいるほどである。力一杯吸っても、遅いスピードで、ゆっくりとしか口の中に入ってこない。

なぜ『マックシェイク』がストローで吸っても遅いスピードでしか口に入ってこないようにしているかというと、ちゃんと科学的な理由がある。


人間が口の中にものを吸い込むときに、もっともおいしいと感じるスピードは、母乳を吸うスピードなのである。


母乳というのは、36度の体温と同じ温度で、甘くはないものである。飲みものとして考えるならば、摂氏4度に冷やしたコカ・コーラとか、40度以上の熱いお茶のほうが、はるかにうまい。

36度の飲みものなんか、生ぬるい。そんな生ぬるくて甘くもない母乳を、なぜ赤ん坊が飲むかというと、吸ったときに口に入るあのスピードが、うまいと感じられるスピードになっているからだという。神様が、母乳でも赤ちゃんがうまく飲めるようにスピードに仕掛けをしたらしい。

マクドナルドでは、神様が考案したそのスピードを商売に拝借したのである。

マクドナルドの店で、今度、『マックシェイク』を召しあがっているお客さんの顔を眺めていただくとよくわかるが、皆さん、陶然となさっている。母乳のスピードが、瞬間的に赤ん坊の頃の感触を思い出させるからである。

すべての人が味で勝負だ、と考えているときに、マクドナルドではスピードで勝負している。その発想が勝利を呼ぶのである。

母乳のスピードを出すために、マクドナルドのストローの直径のXミリメートルというのは企業秘密になっている。もっとも、おはかりになればわかってしまうが、シェイクを母乳のスピードで吸いこむために、あの大きさにつくられているのである。

人間というものは、母乳のスピードで飲みものが口の中に入ってくると、瞬間的に乳児時代の過去にかえることができるものらしい。赤ん坊の時代に戻って、無念無想の状態で『マックシェイク』を飲んでいる。

よく『マックシェイク』を飲んでいるところは絵になるといわれるが、母乳のスピードに陶然となっているから絵になるのである。

私の母親は80歳になるが、マクドナルドの店に案内したとき、「マクドナルドで何が食べたいですか」と聞いたことがある。

「マックシェイクが飲みたい」と母は答えた。

「どうして?」

と重ねてたずねると、

「あれが一番おいしいから」という。

私は、80歳になっても、赤ん坊の頃の母乳の感覚を思い出すのだな、と楽しくなった。

店にくるお客に尋ねても、

「シェイクが飲みたい」という人は多い。

「マックシェイクが飲みたい」ということは「オッパイを吸いたい」というのと同じことなのである。

私は講演でこの話をするときには、

「皆さんも今晩、帰って実物を飲んでごらんになったらいかがですか。皆さんは飲まずにいじって楽しんでいらっしゃるようだが、神様がおつくりになった本当にうまい飲みものが手近にあるのだから。一度飲んでごらんになるべきですよ」

ということにしている。

マクドナルドでは、包むときは、ラッピングペーパーで包むとか、クオリティ(品質)、サービス(奉仕)、クリーンネス(清潔)のQSCを教育したりしているが、外食産業のどこもが考えつかなかった、母乳のスピードで味覚に訴える作戦こそ、意表をついた発想であるといえる。

熱いとか、辛いとか、すっぱいとか、そういうことだけ考えて、勝負をしようとする業種で、口に入れるスピードを重視している、というのは、やはり王者の発想である。

そのことから考えを一歩進めると、赤ん坊時代の感触を甦らせることで、金儲けに活用できるものが、まだまだあるはずだ。

大の男にオムツをさせて遊ばせてくれるところがある、と聞くが、これなども、オムツの感触をなつかしく思い出させて商売にしているのかも知れない。

「マックシェイク」はヒット商品のヒントだ

私は、21世紀になると、爆発的に売れるものが出てくるはずだ、と書いた。しかも、それは、現在存在するものをほんの少しかえただけのものである、と書いた。

『マックシェイク』も、従来のソフトクリームを少しだけ柔かくしただけにすぎない。それを母乳のスピードで吸わせるだけで、たいへんなヒット商品になった。

『マックシェイク』は、21世紀に爆発的に売れる商品が現れる、その先ぶれ商品のような気がする。

現在存在するものを少しかえれば爆発的に売れる商品になる。そんなものは、身近にいくらでも転がっているのである。それを人よりも早くみつけることが、儲かる黄金のキップを入手するコツである。

神様を恐れて金儲けはできない

母乳のスピードで『マックシェイク』を吸わせるというのは、私の考え出したことではない。マクドナルドのノウハウのひとつである。

日本人にはなかなかこうした発想は出てこない。仏教・儒教的な発想が障害になって、自然に挑戦するというようなことは考えられなくなってしまっている。仏教・儒教的なものを捨てないかぎり、こうした自由な発想は出てこない。

母乳のスピードを商売に活用するたくましい発想を、これからも日本人は身につけていかなければならない。母乳のスピードを商売に活用するなどということは、仏教・儒教的発想からすると〝神仏を恐れぬ罰当たりな考え〟で片づけられてしまう。

しかし、これからは自然への挑戦を恐れていたのでは取り残されてしまう。

神様を恐れていてはお金は儲からない。しっかり儲けて神様に寄進をしてさしあげたほうが神様も仏様も喜ばれるはずである。

お客を32秒以上待たせるな

マクドナルドでは、客を32秒以上は待たせないことになっている。

科学的分析によると、人間が相手に向かってしゃべって、反対給付を受けるために、いらだたずに待てるのは32秒が限度という結果が出ている。32秒以上待たせると、いらいらしてくるというのだ。だから、注文を受けてから、32秒以内に全部出すことにしている。そうすれば、お客は気持ちよく買ってくれる。

混みあってくると、ときには、32秒を若干オーバーするときもあるが、混みあっていないときのマクドナルドはスピーディなサービスで、絶対にお客をいらいらさせるようなことはしない。

レストランや食堂などで、すいているくせに客を長時間待たせて、それを格式と勘違いしているところがあるが、多忙な現代人が、そういった店を敬遠するようになるのは当然である。

現代人は、何秒間なら気持ちよく待ってくれるか。そういったことも調査分析してから、商売すべきである。忙しい現代人は待つことが苦手である。待つことが苦手の現代人を待たせるような商売をしていては儲からないのは当然である。そういった意味でも、客を待たせることが宿命の和食が衰退するのはいたしかたない。

食嗜好はどんどん変わっている

同じ年輩の友人などに会ったときに、

「マクドナルドができたおかげで困ってしまったよ」と、文句をいわれることがある。

休日などに孫を連れて街に出て、なにかごちそうをしてやろうと思って、

「うまいものでも食いに行こうか」

というと、きまって、

「それじゃ、マクドナルドに行こう」

といわれるのだ、という。

誘ったほうにすれば、寿司屋で一杯やろうとか、デパートの大食堂で、孫にはお子様ランチをあてがって、自分は生ビールと考えていたのが、予定が狂ってしまうというのであ

る。

「マクドナルドは勘弁してくれよ」

といっても、孫は、

「マクドナルドでなければイヤだ」

といいはる。

次の世代をになう子供たちは、すでに、食べものがかわってきているのである。

こうした子供たちの中から、いずれ、国際感覚を身につけたたのもしい若者たちが、次々に出現してくることだろう。

日本の若者は個性的だ

マクドナルドにはいろんなお客様がやってくるが、最近の日本人は個性的になってきたなと思わせるお客様もいる。

「ビッグマックの肉ぬきをください」

「ピクルスとマスタードはぬいて」

「ケチャップはいらないよ」

黙って買い求めるのではなく、そう注文をつけてから買う。

肉ぬきのビッグマックなんて、パンだけである。パンだけなら、なにもマクドナルドへ来て食わなくてもよさそうだが、仲間と一緒に来て、つきあいでなにか食べなければならないときに、こんな注文をするお客様もいる。

もちろん、注文とあれば、ちゃんと肉をぬいて差しあげるが、肉ぬきのハンバーガーの注文がくるようになろうとは、さすがの私も想像はしなかった。

それだけ日本の若者は個性的になってきたといえる。肉ぬきのハンバーガーを注文するような発想は大切にしたいと思う。これまでの日本人にない発想だからである。もっともマクドナルドのパンの気泡は直径五ミリときまっている。その気泡の大きさのパンが一番うまいからである。

味噌、醤油からケチャップへ

マクドナルドのパンの厚さは17ミリときめられている。その厚さのパンが一番うまいと感じられるからだ。

パティは45グラム。これを摂氏Y度の鉄板の上で焼く。こうしてハンバーガーができ上がる。

ところで、日本人は自然のものを自然の形で食べてきた。ごはんは自然のお米を炊いたものだし、刺身は生の魚をそのまま食べる。アジの干物は加工食品かもしれないが、ちゃんと魚の形をしている。

ところが、マクドナルドのハンバーガーは、小麦粉から作ったパン、ビーフにしても肉の形はしていない。原型をとどめないほど加工したものである。

こういった加工食品は、従来の日本人なら、口にしないものである。それだけに、ハンバーガーがすごい勢いで売れるのをみて、日本のレストラン業者は驚いてしまった。

加工食品であるハンバーガーをどのように加工すれば、もっともうまい状態で客に提供できるかというマクドナルドの科学的な分析調査が日本人の舌をとらえたのである。

一方、日本の一部のレストラン業者の間では、日本人の舌には味噌と醤油しか向いていないという強い先入観があった。

ところが、マクドナルドのハンバーガーの味つけは、ケチャップとマスタードである。そんな味つけで日本人に売れたことが、味噌と醤油しかだめだと思いこんでいた人たちには、強いショックを与えた。味噌と醤油の味でなければ日本人は見向きもしない、というのは、まったくの思いすごしだったのだ。

社員に外国語をしゃべらせる

日本マクドナルドはアメリカに逆上陸してサンタクララに店を出した。

アメリカは、日進月歩、早いスピードで発展していっている。その情報がメールでつくのを待っていたのでは、アメリカのスピードについていけなくなる。情報が遅れてまにあわなくなってしまう。

そこで、それならばアメリカに店をつくって、現在アメリカで行われている広告宣伝の方法をはじめ、新商品の実験などを自分の店で研究したほうがいい。その目的で、アメリカ逆上陸を敢行した。

それに、国際ビジネスマンを育成しようという狙いもあった。

サンタクララの店には、２年間隔で社員を派遣《はけん》し、すでに10人以上がここで研修を終えている。現在も４人の社員が駐在している。

アメリカというのはおもしろい国で、外国人のためにさかんに無料で英語教育を行なっている。

ベトナムをはじめ、各国からやってきた難民など、英語が話せない人を相手に、アダルトスクールという大人のための英語教育の学校を政府が資金を出して運営している。

わが社でも、これを大いに活用し、サンタクララに派遣した社員は、ここで学ばせている。

2年間、社員をアメリカに置いておくと、非常に英語がうまくなって帰ってくる。

マクドナルドには外国からの客がしょっちゅうきている。したがって、英語が話せる社員はいくらいてもいい。しかし、日本では英語を社員に教育しているひまがない。

ところが、2年間、サンタクララに派遣しておくと、英語がうまくなって帰ってくるので、英語教育の面でも成果があがる。日本で高い金を払って英語学校に行くよりも、はるかに効果がある。

当然、サンタクララの店に行きたいという希望者は多い。

私は、派遣する場合は夫婦で行かせることにきめている。独身の希望者には、結婚してからだ、といっている。

英語はひとりで覚えるよりも、夫婦で覚えたほうがいい。夫婦で行かせれば、奥さんのほうも英語を覚える。そうすれば、帰国してからも夫婦で英語をしゃべるから忘れない。

夫だけが英語ができて、奥さんは日本にいてまったく異なる言葉をしゃべっているのでは仕方がない。

サンタクララの次にはカナダのトロントに店を出す計画をすすめている。

ゆくゆくは世界中に店を出したいと思っている。

世界中に店を出し、社員を派遣すれば、フランス語、ドイツ語、スペイン語と世界の言葉が話せる社員を養成できる。

そうすれば、世界のどこから来客があってもビクともしない企業ができあがる。そういう企業にしたいと考えている。

社員に世界をみせろ

私が、いくら、日本的な発想をしていたらダメだ、外国の発想でいけ、と力説しても、口でいって納得させるのはむずかしい。

外国にうちの店があれば、そこへ行かせれば、外国をみせることができる。

日本マクドナルドでは、勤続五年になると、海外のマクドナルドを視察に行かせている。マクドナルドのある国なら、どこへ行ってもいい、という視察制度である。

私は、いろんな理由をつけては、社員を海外に放り出して外国を見聞させ、体験させることにしている。

とにかく、口をすっぱくしてあれこれいうよりは、実際に外国をみせるのが一番なのだ。自分で外国に行って苦労してみると、私がいっていることが体験としてわかってくる。納得もいく。そうして、国際的な発想というものも、はじめてできるようになる。

社員が国際的な発想ができるようになるということは、会社の戦力アップにつながる。結局は会社のプラスになって返ってくる。

このほかにも、すぐれた成績をあげた店長を年間5、6名選出して、2週間、サンタクララ店で研修させるシステムもある。これも社員に好評である。

今年3月現在で、こういった研修や視察制度を利用して海外へ出たことのある社員は、600を超えた。

社員はハンバーガー大卒の学士だ

マクドナルドは会社の中にハンバーガー大学（ユニバーシティ）をもっている。頭文字をとって『HU』という。

日本のハンバーガー大学は、現在は教授4人で、1回に30人ほどに講義を行ない、店舗経営のノウハウをトレーニングする。

日本では、学歴はいらないと口でいいながら、あいつは東大を出ているとか、早稲田を出ている、慶応を出ている、と学歴を問題にする。

そこで、マクドナルドでは、ハンバーガー大学をつくって、最終学歴はハンバーガー大学卒のハンバーガー学士であることを要する、ということにしてある。ハンバーガー学士でなければならないが、それ以外の学歴は消してしまう。

マクドナルドでは、ハンバーガー学士というのが本当の学歴であって、それ以外は問題にしない。そういう形で学歴を排除してきている。その代り、会社に必要な知識だけは、しっかりと与えるのだ。

ハンバーガー大学では、合理的に、必要な知識を教えるが、〝不《ふ》撓《とう》不《ふ》屈《くつ》の精神〟とか、〝倒れてのちやむ〟などという精神教育はしていない。社員は全員、学歴はハンバーガー学士である。したがって、みんな、ハンバーガーに関してはエキスパートである。

また、社員には、米国ハンバーガー大学で3週間研修を受ける制度も開かれている。

ハンバーガーを売るのに必要な学歴はただひとつ、ハンバーガー学士という学歴だけである。

ほかの会社も、それぞれ、自分の会社で本当に必要な教育を行なうために、企業独自の大学を開設すればいい。そして、そこでエキスパートの養成につとめればいい。そうすれば無益な受験地獄などは消失してしまうはずである。

大学で、会社に入ったら役にも立たない知識を詰めこんで学歴と称し、それを重視するのはナンセンスである。

パートタイマーを戦力にせよ

マクドナルドでは、パートタイマーを会社の戦力として使っている。

フルタイムの人間を雇用しようとすれば、企業の経営は困難である。朝9時から夜6時まで働ける人を雇うという考え方では、これからは儲からない時代になっている。

これからは、パートタイマーの時代である。

パートタイマーをいかに戦力として使うかが、企業発展のポイントになってくる。

働くほうでも、1日に8時間は働けないけれど、3時間なら働くことができる、というような人がふえてきている。これをうまく組み合わせて雇えば、10時間営業でも12時間営業でも可能である。

マクドナルドの店には、社員は3人しかいない。しかも、交替をしながらだから、営業中に常時、店にいる社員はひとりだけである。

ところが、パートタイマーは月に１００人から１５０人も使っている。ひとりの店長が、それだけのパートタイマーを効率よく使っているのである。

パートタイマーで即戦力にするのが、後述する、20分間のビデオテープである。これで教育して即戦力にする。

パートタイマーは何年もつとめるという人はいない。次から次にどんどんかわっていく。優秀な人はもっと時間給のいいところに引きぬかれていく。それでも、ちゃんとやっていけるのである。

仕事のなかには、パートタイマーでも十分にやれるものがいくらでもある。そういったものは、なにもフルタイムの社員を使ってやらせる必要はない。パートでけっこうなのである。

そのパートタイマーを使うときに、いちばん大切なことは、約束の時間だけ使う、ということである。約束の時間以外は絶対に使わない。これが肝心である。

パートタイマーは、常識をもっている、という点では、主婦がいい。ＡＢＣから教える手間が省ける。

日本マクドナルドではパートタイマーを〝クルー〟と呼んでいるが、〝小型オリンピック〟という、全国クルー・コンテスト大会を開くのが年中行事である。

この全国大会で、カウンターでのサジェスト・セールがうまい人、応対がうまい人、ポテトの揚げ方のうまい人などの順位を決めて表彰している。人間は、やはり、一番になりたいという気持ちがあるから、がんばる。そうすると、パートタイマーでも、けっして投げやりな仕事をしなくなるものである。

経営者の中には、パートタイマーを使うとうまくいかないのではないか、と考えている人が案外に多い。パートタイマーを使ったのでは売り上げが伸びないと思いこんでいる人もいる。しかし、実際はパートタイマーでも十分に戦力になりうるのである。むしろ、フルタイマーを雇おうと考えるからむずかしいのだ。

パートタイマーはダメ、という頭は、切り換えが必要である。

第6章

こんな発想が
あなたにできるか

日本製品は評判よくても日本人はホメられない

仕事がら、私は世界中を飛び歩くが、どこに行っても、日本の製品の評判はいい。

「日本製の自動車はすばらしい」

「テレビは日本製にかぎる」

あれもいい、これもすばらしい、と外国人から絶賛を浴びる。日本の製品をホメられると私も鼻が高い。

ところが、品物はホメても、日本人がすばらしいという外国人には、悲しいことに一度も会ったことがない。

「あの日本人はすばらしい。音楽の話をさせれば専門家ハダシだ。芸術に関する造詣《ぞうけい》も深い。詩を語らせてもセンスは抜群だ。そしてあふれるようなウォームハートをもっている。しかも商売となると秋霜烈日《しゅうそうれつじつ》のごとく斬《き》りこんでくるすばらしい男だ」

そのように日本人を絶賛する外国人には、残念ながら出会ったことがない。

ところが、アメリカ人には音楽の話をさせれば何時間も音楽の話をし、芸術も語れば文学も語るという博学なビジネスマンがたくさんいる。彼らはビジネスをはなれると、家庭に招いてごちそうをしてくれ、酒も飲ませて歓待をしてくれる。そこで安心して、これはビジネスも好条件でうまくいく、と思って、翌日、事務所を訪れると、じつにシビアに商談をすすめてくる。ビジネスとなったら、一歩も退《ひ》かない。

そういったビジネスマンが掃いて捨てるほどいるのだ。それだけ、公私のけじめをきちんとつける。

日本人は公私を混同して甘い考えで無理な期待をするから、ビジネスでは欧米人にやられてしまうことが多い。

博学になり、公私のけじめをつけるようになれば、日本人も日本製の品物のように評判がよくなり、ホメられるようになる。そうすれば、儲かり方もちがってくる。

イエス、ノーをはっきり答えろ

近年、日米の貿易摩擦が問題になっている。

私はアメリカに行くと、アメリカの新聞で日本政府の主張を読む。そして、日本へ帰ってくると、日本の新聞で日本政府の主張を読む。

そうすると、アメリカの新聞と日本の新聞では、日本政府の主張が180度ちがって報道されていて、驚くことがある。日本の政府のあいまいなものの言い方が、アメリカに正反対に受けとられていることがあるからだ。

アメリカ側が交渉の余地はない、といっているのに、日本側は、まだ粘ればなんとかなる、と考えているようなところもある。

農産物の自由化では、日本の農業の実情を無視して、一方的に門戸開放の要求をつきつけてくるアメリカも悪いが、日本側の説明も不手際《ふてぎわ》だと思う。不可能なことは不可能だ、とハッキリいえばいい。それを「段階的に開放する」などと、日本人ならごまかせる言葉をアメリカ人に向かっていう。だから誤解されるのだ。

日本人が、「前向きに積極的にやりましょう」というときは、なにもやらないことである。

私はある交渉に、東京の社員を大阪に行かせたことがある。交渉数日後、帰ってきた社員に、「交渉はどうだった?」と私が尋ねた。

「非常にうまくいっています」と社員は得意気に答えた。

難航が予想されていた交渉にしては、いやに社員の顔が明るい。そんなにうまくいくはずはないのだが、と思って、よく聞いてみると、相手が、

「考えておきまひょう」と、いってくれた、という。

大阪弁の「考えておきまひょう」は「ダメだ」という意味である。

「とっとと、東京へ帰ってくれ」というのが「考えておきまひょう」である。交渉はまったく進展していなかったのだ。

それを東京の社員は、相手が本当に考えてくれるもの、と錯覚し、いい返事をもらったと喜んで帰ってきたのだ。

外国人とのビジネスでも、日本人はよくこういったいい方をする。これではいたずらに、話がもつれるばかりだ。いるものはいる、いらないものはいらない。イエスなのかノーなのか、はっきりと答えるべきである。

ユーモアやジョークを身につけろ

日本人はユーモアがない。

仕事柄、私はアメリカ人と日本人のスタッフで会議を行なうことが多い。

そういったときに、日本人のスタッフはあまり発言をしない。最初から最後まで、ひとことも発言しないときもある。

そうすると、アメリカ人は私をからかう。

「お前以外の日本人はサイレント・モンキーだ」と。

「サイレント・モンキーとは失敬だな」

「それじゃ、シッティング・ブッダだ」

つまり、〝じっとすわっている仏像〟だというのである。

そういわれると、なるほど、と苦笑するほかはない。

こういったユーモアは日本人にはない。ユーモアに欠けているというのは、心にゆとりがないからである。

それから、やはり、仏教の影響も見逃すことができない。

１３００年前に日本に仏教が入ってきてから、支配者層から庶民にいたるまで、仏教は大きな影響を与えた。日本の発展にも寄与した。

しかし、そのために、日本人を全部、仏教徒にしてしまって、キリスト教徒や異民族が来たときに対応できない民族にしてしまったのも事実である。

これからの日本人は、ジョークを解し、国際感覚を身につけなければならない。そうしなければ、国際ビジネス戦争に、生き残れなくなってしまう。

「タケノコ」だって商談に利用できる

アメリカ人とつきあっていると、時どき、ハラをかかえて笑ってしまうことがある。

なにかのときに、タケノコの話になった。アメリカ人はタケノコをしらない。タケノコを食うんだというと、目をむく。

アメリカ人に、

「こうやってお前と話をしていると、俺のうしろにタケノコが頭をだす。何時間か話をしていて、うしろをふりむくと、頭を出したばかりのタケノコが、もう一インチほどの長さになっている」

と話すと、

「そんなバカなことがあるものか」という。

「それじゃあ、4月29日のみどりの日は休日だから、その日に東京の俺のうちにこい。タケノコがのびるのをみせてやる」

「それじゃあ、みせてもらおう」

そういうやりとりがあった。

ことしの4月28日に、その人物から国際電報がきた。

『残念ナガラ4月29日ニタケノコヲ見ニ行ケナクナッタ。何トカ、タケノコノ成長ヲトメテオイテホシイ』

そういう電文である。

いかに藤田田といえども、伸び盛りのタケノコの成長はとめられない。

『タケノコノ成長ヲトメテオクコトハ不可能ナリ』

私は電報を打ち返した。

『ソレデハ、来年ノ4月29日ニタケノコヲ見ニ行ク』

おりかえし、再び国際電報がきた。

こうしたやりとりをユーモラスにやりながら、つき合いが深まっていくのだ。

タケノコだって、ユーモアさえ解せる相手ならば、商談に利用できるのである。

和食にこだわっていては勝てない

日本人の最大の弱点は食べものである。どうしても和食にこだわるところがある。

著名な財界人などと一緒にビジネスでアメリカに行くと、日が暮れてきたら申し合わせ

たように、

「日本料理店へ行こう」という。

「今晩はステーキにしましょう」

そういうと、首を振る。

「いや、藤田さん、それは困る。ステーキは昼食のときに食べたから、夜は和食がいい。テンプラとか刺身とか寿司がいい」

かならず、そういう。

「ニューヨークまできて、そんなものを食うのですか。ニューヨークのテンプラや刺身や寿司は、高くてまずいですよ」

いくら私がそういっても、

「高くてもいい。金ならある」と、あとへ引かない。

海外出張はそんなにあることではないから、なるほどフトコロは豊かである。

仕方なく日本料理をつき合うと、日本では絶対にやらないコップ酒をグイグイ飲んだりする。あげくのはてに、大声で低級な演歌をガナって、一緒にメシを食べている外国人のヒンシュクを買ったりする。

そういう財界人たちの姿をみるたびに、アメリカへ来たらアメリカ人が食べるものを食べておけば、時間も金も節約できるのに、と思う。時間が節約できる分だけ、もっと早く仕事ができる。

ステーキを食べさせるレストランやハンバーガーの店は、探すまでもなく、そこらじゅうにある。

ところが、異国で日本料理となると、まず、店を探さなければならない。しかも、予約をしてから出かけなければならない。大変な時間のムダである。

なかには、どうしても、シャケ茶漬けが食いたいとか、いくら高くてもいいからウドンが食いたい、とダダをこねる人もいる。

日本でふだん食べているものが外国でも食べたいのだ。

となると、日本で小さい頃からふだん、ハンバーガーを食べさせておけば、ビジネスマンとしてアメリカへ行っても、シャケ茶漬けだ、とか、ウドンだ、などというバカなことをいうものはいなくなる。

「忙しいからハンバーガーでけっこう。それより、ビジネスの話をしましょう」と、こうなる。

そういう日本人になって、はじめて国際ビジネスマンとして外国人と互角に渡りあえるのだ。シャケ茶漬けやウドンにこだわっているようではダメだ。

シャケ茶漬けやウドンは、エネルギーの補給という点では意味がない。ただ、喉を通る瞬間だけ、日本の味と感触がするというので気分がリラックスする。それしかメリットはない。そんなものは食べてもしかたがない。

外国に行って日本食にこだわるために、日本人はどれだけ損をしているかわからない。これからの日本人は、まず、食べものから変えていかなければならない。ベッドに寝て、洋服を着て、椅子に腰をおろした生活をしているのはいいが、食べるものも変えていかなければならない。

私は、先頭に立って、日本人にハンバーガーを食わせ、国際化する仕事をやっているのだ。

先日、テレビをみていたら、アメリカから帰ってきたボーイスカウトに、アナウンサーがアメリカの印象をインタビューしていた。

そのときに、ボーイスカウトの子供が、

「アメリカにもマクドナルドがあったのでビックリした」と答えていた。

それをみながら、ハンバーガーを食わせ、日本人を国際化する私の仕事は、着々と成果をあげているな、とうれしくなった。

生活環境の革命にそなえよ

1990（平成2）年、世界中のテレビジョンが、いながらにしてみられる時代がくるといわれている。

世界中には6000局以上のテレビ局があるが、そのテレビが自由にみることができる時代がくるというのだ。

もちろん、東京で大阪のテレビや北海道のテレビ、沖縄のテレビをみることができる。ドイツのテレビもアメリカのテレビも自由に選局できるのである。そうなると、ポルノはいけないなどとはいってはいられなくなる。

そういった、生活を基本からゆさぶるような生活環境の革命が、大きな足音をたてて起こっている。

そんな変革を目前にして、そのことがまだわからずに、茶漬けにこだわっている人がいることは悲しいことである。もっとハンバーガーを食べて、そういった大きな変革のショックに耐えられる人間になってもらいたい、と思う。

タダで人の子の教育はできない

拙著『頭の悪い奴は損をする』の反響は大きく、私は未知の読者から多くの手紙を受け取った。なかには面会を求めてやってこられた人もいる。

そういった手紙や面会を求めてきた人の中で、

「私のバカ息子をタダでいいからあなたのところで使って、教育してほしい」と注文する人が非常に多かった。

私は多忙なので、いちいちご返事を差し上げることはできなかったが、面会にこられた方には時間が許すかぎりお会いした。もちろん、時間の都合がつかずにお引き取り願った方のほうがはるかに多い。

面会にこられた人から、こういった注文を出されると、私は遠慮なしに、次のように申し上げた。

「タダでいいから息子を教育してくれ、とはどういう意味ですか。

あなたの息子さんは、失礼だが、出来が悪いのでしょう。いってみれば、猛獣や野獣みたいなものですね。それを、私に調教しろ、とおっしゃるのでしょう。タダでいいからといういい方はないでしょう。1ヵ月に100万円ずつ支払うから息子を教育してくれ、とおっしゃるのであれば話はわかります。

タダでいいからとおっしゃるが、息子さんがなにか役に立つと思っていらっしゃるのですか。得をするのは私ではなく、息子さんですよ。こっちは教えるのだから得をすることなんかない。タダでいいからという考えは大まちがいですな」

はっきりとそういってお引き取りを願ったケースが何件もある。

出来の悪い息子をタダで調教してもらおうというような考えは、心得ちがいもはなはだしい、とここで申し上げておく。そんな心得ちがいをしている親は、けっこう多いものである。

純金の名刺を作ってみろ

私のところに、よく、名刺1枚を持って面会にくる人がいる。私は名刺1枚で多忙なビジネスマンに面会を強要するのは失礼だと思う。

私は、1日に3億円を売らなければならない商売をしている。1日に10時間働くとして、1時間に3万円を売る商売をしていることになる。その貴重な時間を名刺1枚で盗もうというのは失礼であると思う。表札みたいな金のノベ棒に名前を彫って持ってくるのであれば話はわかるが、1枚10円程度の名刺をもらったところで仕方がない。

どうしても会いたい人に会うためには、純金の名刺をつくる。そんなスケールの大きい発想をしてもらいたいと思う。

純金の名刺を出して面会を申しこめば、会わないという人はいないはずだ。

修正はほんの少しがいい

人と会って、15分なり20分なり話を聞いていて、このところはこう直したらいいのではないか、とアドバイスをすることがある。ちょっとしたアドバイスである。

ところが、それだけでうまくいくようになった、ということが多い。少し方向を修正しただけで、うまくいかなかったことが、うまくいくようになるということがよくある。

船が航行しているときに、前方に岩があり、まっすぐに進めば衝突して難破する場合でも、ほんの少し方向を変えるだけで岩を避けられるようなものである。なにも仕事のやり方を根底から変える必要などはない。

一攫千金で、こうすればドカンと儲かる、ということはザラにはないが、少し方向を変えるだけで儲からなかったものも儲かるようになることは、よくあることなのだ。

ものの見方は一つではない

日章旗がある。

日本人は誰でも、あれは、昇っていく太陽を表したものだと信じている。

あるとき、私はアメリカ人と話をしていて、日章旗が話題になったので、「あれは、ライジング・サンだ」といった。

昇っていく太陽だ、といったのである。

「え？　今、なんといった？」

彼は聞き返してきた。

「ライジング・サン、といったのだ」

「ふーん、あれは、ライジング・サンだったのか。いや、こっちは、フォーリング・サンだとばかり思っていたよ」

アメリカ人はびっくりしたような顔をしてそういう。〝フォーリング・サン〟つまり、落日を表しているものだと思っていた、というのだ。

ひとつの日章旗の解釈でも、昇っていく太陽だけではなく、落日を表している、という見方もあるのだ。

そういう見方もあったのか、と今度はこっちがビックリしてしまった。

しかし、100人の人間がいれば、100通りの見方があって当然である。ビジネスも一つの観点からばかり眺めていたのでは、とても成功はおぼつかないとしるべきである。

5分後に消費される利点

外食産業の利点は、つくったものが5分後に確実に消費されるところにある。

ひとつ売ったら10年ぐらいは買ってもらえない置きものとか、ひとつ売ったら1年ぐらいは買ってくれないハンドバッグ、半年で1本しか買ってもらえないネクタイなどにくらべると、5分後には消費されてしまう商品は、大きなメリットがある。

ハンバーガーなどは、場合によっては、1分後には消費されてしまうこともある。こんな商品はほかにはないだろう。

早く消費される商品は儲かるのである。

井伊直弼は100年先を考えていた

幕末に井伊直弼という大老がいた。日本国中が攘夷《じょうい》論に傾いていた最中に、やはり攘夷論者だった天皇の勅許を得ないで開国条約にサインをし、怒った水戸浪士に桜田門外で暗殺された大老である。

私は、日本人は、井伊直弼に感謝すべきである、と思う。井伊直弼は、当時、100年先のことを見ぬいていた。今、開港しないと、アヘン戦争で中国がやられたように、日本は欧米先進国にやられてしまう。それを避けるには開国しかない。そう判断をして、鎖国《さこく》を解く条約に勅許を得ないでサインをした。

勅許も得ずにそんなことをすれば、尊王攘夷でかたまっている血気盛んな連中に、国賊呼ばわりされて、殺される危険は目に見えている。それでもなお、井伊直弼は自分の信ずる道を進んだ。

今の政治家に、井伊直弼ほどの度胸のある者がいるだろうか。

国民の90パーセントが反対していることを、100年先の日本を考えて断行し、殺された立派な先輩が日本にいることを、政治家もビジネスマンも知る必要がある。

開国しないと大砲ブッ放しまーす！
日米修好通商条約調印
タウンゼントハリス
うぐぐ…
百年後の日本のため…
井伊直弼
いいね
井伊だけに…
1858
160年後
2019
いいね
amazon

私の住んでいる世田谷に豪徳寺というお寺がある。ここに井伊直弼の墓がある。ところが、誰れも井伊直弼のお墓にお参りにこない。

勅許を待たないで開国条約にサインをしたことで、明治、大正、昭和の3世代にわたって国民は井伊直弼を嫌ってきた。しかし、これはまちがっている。

明治以後、薩摩や長州の藩士が外国へ出かけ、西欧文化や文明を日本へ持ちこんで、彼等が文明開化の祖のようにいわれているが、根底にあるのは井伊直弼の命をかけた開国条約のサインである。

あのときに井伊直弼がサインをしなかったら、日本の文明開化は遅れ、英仏連合軍が横浜に上陸し、日本を占領し、日本は欧米先進国の植民地になっていたかもしれない。

こんにち、日本では、ビジネスマンはネクタイをしめ、女性は全員が洋装をして、大半の人が洋室のある家に住んでいる。ベッドに寝ていない日本人のほうが少ないぐらいだ。食事をするのもテーブルである。

テレビの画面では、茶袱台《ちゃぶだい》をかこんで食事をしているドラマが放映されているが、それを見ながら食事をしている日本人はテーブルを使っている。

畳の上で寝るために、押し入れから蒲団を出して敷いているドラマを、見るほうはベッドで横になって見ている。畳の上で寝るのは社員慰安旅行で温泉に行ったときだけ、というビジネスマンも多いはずだ。それほど日本人の生活は洋風化してきている。

なぜ、生活が洋風化してくるかというと、現代人は忙しすぎて時間がなくなってきているからである。生活を簡素化して時間を節約する必要から、洋風化に進むのである。それもこれも井伊直弼のサインがあったからこそ、できたといえる。


こんにち、行政改革が政治の大きな問題になっているが、政治家が死ぬ気でやれば、やれないことはない。井伊直弼になったつもりでやってみろ、といいたい。


米と魚を2000年も食べたきた日本人に肉とパンのハンバーガーを食わせる、と12年前に私がいったときには、国中からアホではないかといわれた。井伊直弼が非難を浴びたのとかわらないほど私に非難が集中した。

開国するなんて大バカ者、というのと同じ思想でコテンパンにやられた。ところが、そういって非難をした人たちが、いまや、ウマい、ウマい、とハンバーガーを食べてくれている。

商売は攘夷ではいけない。井伊直弼の、門戸を開くという発想をもってこなければいけない。商売に井伊直弼の発想をもってくれば、長い目でみたら、かならず成功する。

戦略と戦術を混同するな

日本のビジネスマンは、戦略の何であるかをしらない人が多い。戦略だけではない。戦術の何であるかもしらない人が多い。

戦略と戦術が区別できない。混同している。

戦略とは、日本マクドナルドの場合でいえば、「今年度は年間1000億円を売る、ということ」である。

この戦略は社長がつくらなければならない。しかも、戦略は簡単明瞭でなければならない。というのは、全社員に徹底させる必要があるからだ。

むずかしい、なんのことだか1回読んだていどではわからない複雑怪奇な戦略を得意然としてかかげている社長は意外に多い。しかし、全社員がわからないような戦略を立てても意味はない。

社長が戦略をつくったら、その次の段階で戦術を練らなければならない。

戦術とは何かというと、「現実にどうすれば社長の戦略が達成できるかという具体的な計算のこと」である。

昭和59（1984）年には1000億円の売り上げをあげようと社長がいっている。とすると、オペレーションをやっている連中はどうすればいいのか。人事部は1000億円売るには何人社員を採用するかを決める。経理部は1000億円を売るためには店舗を何店ふやし、どれだけ資金が必要かをはじき出す。

そういったことを会社の現状に基づいて計算するのが戦術である。

この戦術と戦略は儲かる商売をする上には不可欠である。ところが、戦略も戦術もごちゃまぜにしている企業が非常におおい。戦術と戦略をごちゃまぜにして混乱しているようなことでは儲からないのが当たり前である。

簡単明瞭な戦略を社長が立てて、それを全社員に徹底する。今度はその戦略を受けて、社員がそれぞれの仕事の段階で戦術を計算して出していく。そうやって儲かる商売をしていかなければならない。

人生でも、プランがなければ成功はおぼつかない。プランがあっても、なかなかそのプラン通りにいかないのが人生である。それなのに、プランすらなければ、人生の敗者の道をたどるのは当然である。

同様に、戦略を立て、戦術を練っても、なかなかその通りにいかないのが商売である。それなのに、戦略も戦術もなしに、どうしたら儲かるか、などというのは、じつにナンセンスである。そんなナンセンスな商売をしている人が意外に多いものである。

信号機を○△×方式に変えてみろ＝自動車を売る方法

マクドナルドは日本にまったく新しい食べものをもちこんで、新しい需要を開発した。掘りおこして、新しい需要を開発すれば、儲かることはたくさんある。

一例をあげよう。

自動車業界は、はげしい販売競争を展開している。トヨタ、日産、マツダ、三菱などの自動車のセールスマンが、1台でも多く、車を売ろうと、必死の販売合戦をくり広げている。

一方、現在、日本には、赤緑色覚異常といって、赤と緑が区別できない色覚異常の男性が全体の3パーセント存在するという統計がある。当然、この3パーセントの男性は信号の色が識別できないから免許が取れない。

色覚異常でさえなければ、この3パーセントの男性は自動車を買ってくれる人たちだ。ところが、世界中の信号機が、赤黄青という約束ごとになっているから、自動車が買えないのだ。

私は、信号を、赤黄青で識別させるのは、色覚異常の人を差別することであって、おかしいと思っている。

信号を色から形にかえるだけで色覚異常の人たちは救われるのである。

青は現在の丸い形のままにし、赤は丸の中に×を入れたものにする。黄色は三角形にかえる。

信号機をこのように色から形で表示するものにかえるだけで、自動車の購入者は全人口の3パーセント分だけ確実にふえる。

つまり、新しい需要が開発できるのである。

たかが3パーセントと思うかもしれないが、日本の人口の1億2000万人の半分が男として、その3パーセントは180万人である。

180万人の男が免許がとれるようになり、自動車に乗れるようになれば、自動車の販路はぐんとふえる。

私は日本の自動車メーカーが一致団結して信号機を赤黄青から○△×式にする運動を、なぜ起こそうとしないのか、不思議でならない。

なぜ、信号を、色ではなく形で識別するようにしようという発想がわいてこないのだろうか。自動車メーカーは本気で儲かることを考えているのだろうかと思う。

電話のベルも広告で使え

電話がかかってくると、なぜ、ベルが鳴るのだろうか。かかってきた電話をとり上げるまでベルが鳴りつづけるのはムダである。

ベルのかわりに、広告のアナウンスにすればいい。

ベルのかわりに、「テレビは○○テレビ、テレビは○○テレビ」とか「新聞は○○新聞、新聞は○○新聞」とか「ハンバーガーはマクドナルド、ハンバーガーはマクドナルド」と電話器がしゃべるようにするのである。

しゃべる言葉は、週替りとか日替りにすればいい。

もちろん、広告アナウンスだから、○○テレビや○○新聞からは広告料をとればいい。広告をとれば儲かるのに、ジーン、ジーンとベルだけ鳴らすのは、バカじゃないかと思いたくなる。

全国の電話が朝から晩まで「ハンバーガーはマクドナルド、ハンバーガーはマクドナルド」とベル代りにしゃべれば、宣伝効果は絶大である。

電話だからベルが鳴るのは当然、と考えているようでは儲からないのは当たり前だ。

もう一度、自分のまわりを見まわして、これがもしも、逆になっていたらどうだろう、とか、全然ちがう方法でなんとかならないか、ということを考えるようになれば、金が儲かるヒントはいたるところに転がっているはずである。

20分で社員教育せよ

事業にとっては、これからは人材開発が重要な問題になってくる。

画家が絵をかいたり、漫才師が漫才をやる、歌手が歌をうたう、というのとちがって、ビジネスは個人ではなにもできない。

多くの人間の協力が必要である。したがって、従業員の即戦力化ができるかどうかが大きなポイントになってくる。従業員を早く戦力化できれば、それだけ早く儲かるからだ。

経営者の人たちと話すと「ウチは訓練に5年かかります」とか「一人前にするのに10年かかる」などといっている。

そんなことでは、この忙しいビジネス戦争に勝ち残ることはできない。

デパートの呉服売場では経験がモノをいうといわれている。それだけに、そういった売場には、売り上げを誇る売場主任の名人がいて、デパート側も、あいつはよく売るから呉服のことはあいつにまかせておけば安心、と考えているようである。

呉服売場には、客の奥さんやお嬢さんに、どういう応対をし、どういうすすめ方をすれば売れるかという、特殊な応対法や特殊な言葉がある。

ところが、デパート側は、売場主任がどうやって呉服を売っているかという科学的分析をしようとはしない。

科学的に分析すれば、呉服の売り方はどうすればいいということがわかるし、それを新人に教えれば、たちまち新人も即戦力化ができるはずである。

そういった売り方を科学的に分析して、こうすればいい、という方法を発見したら、ビデオ化して、新人教育に使う。ビデオを従業員の即戦力化に役立てるのである。

ビデオを使ったほうが、人間にしゃべらせるよりも利点がある。同じことでも人間はその日によってしゃべることがちがってくる。

奥さんと喧嘩をして出社してきた日、月給の上がり方が多かったか少なかったか、雨が降っているかどうかなどで、同じ内容でもしゃべるニュアンスがちがってくる。

ところが、ビデオにとってしまったものは変わらない。正確である。

だからといって、そのビデオだが、1時間も2時間も見せたのでは、アクビがはじまったりして、頭に入らない。それでは見せたところでなにもならない。

人間がじっと辛抱できるのは20分が限度である。だから、従業員を即戦力化するビデオも20分のものにまとめる必要がある。何年もかかってあみ出した商売のエッセンスを20分以内にまとめて説明するのだ。

場合によっては、前編を20分、後編を20分にする、という手もある。20分間にまとめたビデオを、必要に応じて何回もくり返して見せる。そうすれば十分に即戦力化の成果はあげられる。

前にも書いたが、マクドナルドでは、こうしたビデオを30巻ほどつくり、パートタイマーに見せて教育し、即戦力化をこころがけている。

仕事の能率について

アメリカのビジネスマンは、じつによく休暇をとる。

私はそのことで、アメリカ人に文句をいったことがある。

「あんたたちは休暇をとりすぎる。年中休暇をとって休んでいるではないか。会社にたずねていっても、一週間ほど休暇をとって休んでいます、といわれることが多い。いったい仕事をやっているのかね」

そういった。

すると彼は切り返してきた。

「そういえば、日本人は会社に行けばかならず会える。休まずに出てきている。しかし、会社には出ているが、なにもしていないではないか。働いているのかね」と。

「われわれは会社にはいないけど、仕事だけはしている」

そういうのだ。

彼のいうことは、ある面では真実である。彼らは大変レベルの高い、集約的な仕事をしている。

日本人は、背広を着てズボンをはいて仕事をするようになってから、羽織《はおり》、袴《はかま》で仕事をしていた時代よりも活動的なスタイルで働くようになった。

しかし、実際の仕事ぶりは羽織袴の時代とあまり変わっていない。非能率でスローモーなところがいまだに残っている。

ところが、彼らは心の髄《ずい》まで洋服を着ている。仕事にムダがないのである。

もっとも、日本の会社経営は、そういう能率一本槍でもうまくいかないところがある。

アメリカでは会長をチェアマン、社長をプレジデント、副社長をバイスプレジデントというが、責任者はこれだけである。部長も課長も課長代理も係長も主査も主任もない。

バイスプレジデント以下はノンタイトルである。

ところが、日本人は年功序列が好きで、こまかく肩書きをつけなければおさまらない。まったくムダをはぶいて合理化するとなると、係長とか主査、主任などという肩書きから一掃しなくてはならなくなる。

それから、日本で会長といえば、第一線をしりぞいた前社長が大半で、名誉職である場合が多いが、アメリカで会長といえば、最高責任者のことである。日本の社長に相当するポストだと考えていただけばいい。会長が全権を握って仕事をしている。

しかも、資本と経営の分離がおこなわれているから、資本家は資本家、経営者は経営者である。株主とはちがう人が経営に当たっているが、業績が悪いと会長がクビになったり、仕事のできる会長はよそに引きぬかれていったりする。

重役には社員ではない社外重役が多い。社外重役が入って重役会を開くが、全権をもっているのが会長である。

同じ株式会社といっても、日本とアメリカでは、このようにちがったものなのである。

休暇についても、だから、日本とアメリカでは同じものさしではかれないところがある。日本の資本主義は、まだ、幼児期にあり、アメリカの資本主義は爛熟期《らんじゅくき》にさしかかっている。いずれ、日本の資本主義も爛熟期になれば、現在のアメリカのような会社が多くなるだろう。

高い給料を払ってつぶれた会社はない

私は社員に高い給料を払っている。現在、日本でもっとも高い給料をもらっているのは商社マンだが、やがて、日本マクドナルドの給料は商社マンを抜き去るはずである。すでに抜いてしまっているかもしれない。

ちなみに、産業労働調査所の調べによれば、昭和57年度の全産業平均（従業員1000人以上の企業175社、35歳）賃金は493万円であるが、日本マクドナルドの実際の平均賃金（35歳、勤続2年以上）は703万円である。

また、参考のためにいえば、大手デパートD社は599万円、大手カメラメーカーC社は572万円、大手化粧品メーカーS社は561万円（いずれも35歳、モデル賃金）である。

社員に高い給料を払うと会社がつぶれてしまうと考えている社長は多い。しかし、私は、寡聞《かぶん》にして、高い給料を社員に払ったためにつぶれた、という会社をしらない。

会社がつぶれるのは、99パーセント、社長がボンクラだからである。会社がつぶれる最大の原因は、社長が無能力だからである。

私がそういうことを話すと、いやがる社長は多い。

「そういう話は、うちの会社に来たときは、しゃべらないでほしい」

そう釘《くぎ》をさされることも珍しくない。

なぜ〝ホカホカ弁当〟が当たったか

現在、ハンバーガーのライバルのひとつである弁当屋の『ほっかほっか亭』と『ほっともっと』が、湯気を立てて争っている。

これまで、弁当といえば〝腰弁〟という言葉に表されているように、自宅から学校や職場へもっていくものだった。

それを、**これらの弁当屋さんは、弁当を家庭にもち帰らせる商品として売り出して成功した。**

外へもって出るのが常識だった弁当を、その常識を打ち破って家庭にもち帰る商品としたところに人気を呼んだ秘密がある。

最初から、家にもって帰らせる弁当を狙って商売をはじめたかどうか、それはしらない。

偶然、そういう結果になったのかもしれない。

もしも、偶然の結果ではなく、はじめから家にもち帰らせることを狙って開発したのであれば、敬意を表したい。

もっとも、弁当でうまいのは、お米だけであって、おかずがうまいわけではない。あの弁当が売れるということは、政府がいかにまずい米を食べさせていたかという証拠にほかならない。

弁当屋はその間隙《かんげき》をついて、うまい米をたいて客に食わせ、弁当がうまいと客に思いこませてしまったのだ。

もっとも、政府がまずい米を国民に食べさせている間隙をついたということでは、ハンバーガーも同じである。

ゼロから5000億円産業を目指す

私は、10年前に、10年後はハンバーガーの売り上げを1000億円台にしてみせる、と予言し、そのとおりにした。

他人が、ハンバーガーの将来は海のものとも山のものともわからない、といっていたときに、1000億円の売り上げを予言していたのである。

有言実行!!
1千億円売り上げる!!
高い給料払います!!

金額を予言し、そのとおりに実現させた商人は、あとにも先にも私だけだろう。

これまでだと、大言壮語していた者は、ただのラッパ吹きで終わってしまうケースがほとんどだった。

しかし、私は、無責任にラッパを吹き、吹きっぱなしにしたのではない。


有言実行をしたのである。


私はハンバーガーの売り上げが年間60億円だった頃にも、かならず1000億円を売り上げるようにしてみせる、といっていた。

そのときに、私のメインバンクのひとつだったA銀行のB常務に呼び出された。

「藤田さん、いい加減にしたらどうか」

B専務は私にこわい顔をしていった。

「なんですか」

「ハンバーガーなんて、よく売れて、ここらどまりだ。60億円売っているのだから、このあたりでもういいだろう。これ以上、手広くするといっても、当行はこれ以上の融資はしない」

そういう。

「それならけっこうです。融資してくれなくてもかまいません。でもね、私は1000

億円まで売り上げをもっていきますよ」

「いや、それは不可能だ。ザルソバのチェーン店をやる、というのなら1000億円の売り上げは可能だろう。でも、ハンバーガーで1000億円の売り上げはムリだ。のばしたとしても、2、3年後に100億円までいったら、そこらで伸ばすことはあきらめたほうがいい」

「それなら取り引きはやめにしましょう」

私はそういって、本当に取り引きをやめてしまった。

ところが、売り上げが200億円を超えると、同じB常務があたふたと駆けつけてきた。そして、

「もっと融資する」という。

「もうけっこうです」と私は断わった。

そのときには、ほかに融資してくれる銀行がいくらでもいたからだ。

「また、取り引きをしてください」

B常務は食いさがる。

「だって、あなたは売り上げが60億円のときに、これ以上は融資しない、といったではありませんか」

私は突っぱねた。

すると、Ｂ常務はおもしろいことをいった。

「だから、私は、Ａ銀行につとめているのです」

「……？」

「銀行屋というのはそのていどのバカなのです。私に藤田さんの仕事がちゃんと理解できるようだったら、こんなところになんか勤めていませんよ。もっと気のきいたほかのことをやっています」

そういう。

それもそうだな、と思って、私は、取り引きを再開した。

私がいくら、売り上げを１０００億円にしてみせる、といっても、一流銀行のトップでさえも、ハンバーガーはそろそろ終わりと思っていたのだから、私の言葉を世間の人が信じなかったとしてもむりはない。

ようやく昨年７００億円を突破し天下を取った。ことし８５０億円をクリアーし、いよいよ来年が１０００億円である。１０００億円が目の前にみえてきた。依然、マクドナルドの天下である。

しかし、１０００億円の売り上げを予言したが、私自身は来年の１０００億円はあまり意味がない、と思っている。

1990（平成2）年、つまり、7年後には、売り上げは2000億円になる、と考えている。そして、西暦2000（平成12）年には、5000億円にするつもりである。

マクドナルドのハンバーガーを5000億円売ったときに、私は、はじめて、マクドナルドは外食産業だ、ということができると思っている。

マスコミは、われわれを外食産業だ、というが、〝産業〟というのはおこがましい、と思う。

売り上げの第1位が数千億円で、第2位がその半分というのであれば、外食〝産業〟といってもらってもいいが、第1位が1000億円で、全体を称して〝産業〟というのはおこがましい。

私は、マクドナルドの店を、はじめは〝レストラン〟とはいわなかった。〝高速加工食品販売業〟である、といっていた。だから、昨年までは、日本レストラン協会にも入っていなかった。

が、まあ、いろいろあって、レストラン協会には昨年から入会した。

そうしたら、農林水産大臣賞をくれるという。

日本の外食産業に貢献した、という理由で、昨年、マクドナルドは農林水産大臣賞受賞の栄に輝いたのである。

そういったこともあって、外食〝産業〟といわれてもはずかしくないものにするために、まず、１０００億円の売り上げを当社が達成してみせよう、というのである。

私は昭和46（１９７１）年に日本マクドナルドをはじめたとき、社員に「西暦２０００年がきたらハンバーガーは巨大産業になる」といった。

だから「西暦２０００年までの30年間は努力をしていかなければならない」ともいった。

私は、目先の１０００億円産業ではなく、21世紀における巨大産業をめざしているのである。

ただ、12年間でゼロからはじめて１０００億円の売り上げを達成し、天下を取った会社があるということは、今後、いろいろな事業を志す人のために、はげみになるはずである。

21世紀の巨大産業を目指しているが、すでに、１０００億円目前の段階で、日本マクドナルドの年間の牛肉消費量は1万トンに達している。全国の牛肉の消費量が約45万トンだから、45分の1をわが社1社で消費しているのである。加工用として政府がオーストラリアから輸入している肉が８０００トンだから、輸入肉を全部使っても足りない状態である。

『フィレ・オ・フィッシュ』という魚のハンバーガーで消費する魚が、日本の水揚げ量の約半分である。ピクルスにいたっては、四国で生産するピクルスを全部使っている。

こういった状態が、５０００億円産業になったときにどうなるか、考えてみていただきたい。

日本マクドナルドは、たんに５０００億円の外食産業であるだけでなく、各方面に大きな影響をおよぼす企業に成長しているはずだ。

巨万の富をもつ社員を続出させるだけでなく、多くの人が恩恵を受け、社会にさらに貢献する企業になっていることはまちがいない。

そのために私はがんばっていくつもりである。

もちろん、日本マクドナルドを５０００億円産業にしたときには、私は日本一、儲かってしかたがない男になっているはずである。

藤田田伝――凡眼には見えず、心眼を開け、好機は常に眼前にあり②

外食ジャーナリスト　中村芳平

兄貴と慕われる

1944（昭和19）年4月、藤田は、戦火の激しい都会を避けて、山陰の学府・旧制松江高等学校に入学する。18歳のときのことだ。5か国語ほどを使い分けたという、語学の得意な父親の影響もあって、ドイツ語を第1外国語とする文科乙類に入った。「英語は中学時代5年間勉強して、ある程度マスターしていたので、もう1か国語くらい覚えたい」（藤田）というのが文乙志望の動機だった。文乙には好奇心の強い、少し大人びて、ひねくれた発想をする人間が集まっていた。

藤田にとって不幸だったのは寮生活を一緒に送ったクラスメートが、肺結核に冒されていたことだ。入学して半年もすると体調を崩し、京都帝国大学で診断を受けた。その結果、肺結核で右肺に鶏卵大の空洞が二つあるのが発見された。

診断をした京都大学結核研究所の岩井教授は、今ここで棺桶屋に電話をして棺桶の予約をするか、ただちに入院して人工気胸をやるかのどっちかだという。このままでは、あと2か月の命だともいう。

私は、入院して人工気胸をやったら治るのかとたずねた。岩井教授は、それはわからないが、入院したら治すように全力をあげるという。私はやむを得ずに、即時入院を選んだ。

入院をしたら、今度は、肛門のまわりに穴があく痔瘻にやられた……（中略）……。

痔の手術は、痛いうえに恰好も悪い。尻の穴を人に見せるというのは死ぬほど恥ずかしい。しかも若いから、看護婦を見て体に変化が起きないように、シンボルに絆創膏を巻いて足に固定してしまう。まさに、踏んだり蹴ったりである。

痔瘻はどうにか治ったが、結核は2～3年は安静にしていないといけないという。松江高等学校は、2年連続落第は放校だという。

人工気胸というのは、空気を入れて、肺が動かないようにしておいて、そこへ栄養を送り込んで結核を退治するという治療法である。現在は抗生物質の出現で、人工気胸はやらなくなったが、当時は唯一の治療法だった。

私は、死んでもいいと思って、学校へ出た。医師とは喧嘩別れである。そして松江の日赤に週に一度通って、空気を詰めかえてもらっていた。この人工気胸が私には効いた。
(『Den Fujitaの商法④ 超常識のマネー戦略 新装版』)

藤田は寮の監督に事情を話した。そうすると、「無茶をするな。体調の悪い時は寮で寝ていても出席扱いにしてやる」と温情をかけられた。結局藤田は寝込むまで悪化せず、1年間の休学扱いですんだ。といっても小学生浪人の1年間を加えれば、2年間棒に振ったことになる。だが藤田にとっては、この2年間の道草が読書に親しむなど人間力を鍛えるのである。藤田はこのころから〝怪物〟ぶりを発揮し始めた。

旧制松江高校は、数ある旧制高校の中でも弊衣破帽、汚いことにかけては土佐の高知高校と並び称される。〝蛮カラ〟の校風で知られていた。同校の先輩で、雑誌『暮らしの手帳』の名編集長だった故・花森安治氏が「女学生用のスカートをはいて、タクアンをボリボリとかじりながら、松江大橋の欄干《らんかん》の上を歩いた」という伝説が語り継がれるほど〝蛮風〟でなる学校である。良くいえば、自由、革新の気風が強かった。

ここで藤田は、応援団長、クラス総代、記念祭委員長などさまざまな役職をつとめることになる。これらは名誉職ではない。選挙で選ばれるもので、人格、識見、主義主張、能力、人望などが問われた。藤田は、何かことがあると飄々《ひょうひょう》として壇上に進み出て、自分の主張を早口の大阪弁で理路整然とまくしたてた。元来、こういう選挙では学校の教職員と近い関係にある学生が立候補したり、組織をバックにした左翼系学生がアジったりするのが常で、それに一般学生が追随するというスタイルが多かった。藤田は、そのような学生自治のあり方に不満を唱え自分の主義主張を訴えた。

藤田の最大の武器は弁論だった。藤田の話は具体的で、左翼学生たちの舌鋒を軽く論破するだけの論理性、正当性、説得力を持っていた。加えて、藤田の人間的な魅力から、〝兄貴〟と慕う親衛隊も大勢おり、選挙となれば、誰よりも強かった。むしろ、学校の教職員が「藤田が選ばれると、何をするかわからないし、無理難題をふっかけられる可能性もある」という危惧から、選挙妨害もやりかねなかったほどだった。

藤田には類まれなアジテーター（扇動者）の素質があった。

タブーの軍国主義批判

当時から藤田は、堂々と軍国主義批判をぶつような硬骨漢であり、いつも学校側を恐れさせた。藤田が旧制松江高校に入学した翌1945（昭和20）年3月ごろ、寮の3年生が召集令状で戦地に赴くことになった。さっそく、寮で形ばかりの壮行会が行なわれた。それぞれが型どおりのあいさつをするのに業を煮やした藤田は、こんな怒りをぶちまけた。

「みんな、当たりさわりのない話しをしてこの場を取り繕っているが、お前たちは赤紙1枚で戦争に駆りだされ、むざむざ死地に赴く先輩の心情を本気で思いやっているのか。戦争に駆り出されて死ぬことが、どんなに無意味なことか、本当にわかっているのか。先輩の気持ちを思えば、そんな型通りのあいさつでお茶を濁すことはできないはずだ。もっと真心のこもった話ができないのか……」

藤田の怒気に圧倒されて、座はシーンと静まり返った。一方、次の日に戦地に赴く3年生は、「よくぞいってくれた」と、藤田に泣いて感謝したのである。今なら何でもないことだが、あの時代に軍国主義批判をぶつのは、一歩まちがえれば憲兵隊に連行され、拷問される危険性があった。そんなことは百も承知の上で、藤田は、自分の正しいと思うことを堂々と発言した。それは、並大抵の勇気ではなかった。藤田の大きな特徴は、物事の本質を見抜く地頭の良さ、それと事に臨んでの度胸のよさにあった。

藤田は、旧制北野中学校時代の松本善明のように軍国少年にはならなかった。それは外資系の会社につとめ、海外の動向に明るかった父・良輔から折りあるごとに、「日本が勝ち目のない無謀な戦争に突入した」と聞かされていたからだ。そして、その最大の理由は、「日本が単一国家、単一民族で視野が狭く、海外の動向についてあまりに無知であるからだ」と教えられていた。

すでに、日本の敗色は濃厚であった。このまま戦争が続けば、次は藤田たちが戦地に駆りだされる番だった。藤田はやりきれなかった。

父の遺言

そんな藤田に大きな不幸が訪れた。大阪市内にあった実家が、1945（昭和20）年3月から始まったアメリカ軍のB29の全8回にわたる大空襲で全焼し、尊敬してやまなかった父を亡くしたことである。また兄・弟・妹も亡くした。

藤田家は、この戦災で財産のほとんどを失った。戦後も無事に生き残り、91（平成3）年現在もなお健在なのは88歳の母・睦枝と、藤田本人、それに姉・美代子の3人だけである。

「父は読書家で数千冊の蔵書がありましたが、残ったのは今でも手元にあるドイツ語の辞典と、もう一冊程度でした」（藤田）

父・良輔は、B29の爆撃が日増しに熾烈になる中で、このときが来るのをあるいは予感していたかのように、息子の田に宛てた遺書を英文で残していた。「THE WILL」と英語で表書きされた父の遺書には、あらまし次のような内容が便箋に5～6ページにわたって書かれていた。

奈良のホテルにて。時間が少し空いたので、田に書き残しておいたほうが良いと思い、ペンを執りました。日本は、島国で視野が狭く、それが高じて世界と戦争をするような事態に陥りました。戦争はいずれ終わり、平和が来ると思います。その場合、田が生きていく上では東大の法学部に進学して政・財・官界に入るか、それができなければ、慶大の経済学部に進み経済人になるのが良いと思います。日本は、学歴、学閥社会なので、そのほうが生きやすいと思うからです。仮に私が死ぬようなことがあったら、そのときは母・睦枝を大切にしてください。

父・良輔が冗談半分に息子の田に宛てて書いた遺書だったが、これが本物の遺書となったのである。戦争は、藤田家を悲嘆のどん底に突き落とした。藤田は、こんな中で「人間は、生まれてくるのも裸なら、死ぬのも裸だ」という厳粛な事実を認識した。このあたりに「人間　藤田田」の原体験があったのではないかと推測できる。

父の死は藤田にとって、経済的にはきわめて厳しい高校生活を余儀なくされた。家庭教師など自分でお金を稼ぐ道を得なければならなかったからである。

藤田のデカダンス

藤田が「酒、煙草、女」といった青春の門をくぐるのは、このころのことだったと思われる。もともと藤田は、酒は一滴も飲めない体質で「奈良漬けを食べても酔っ払う」（藤田）ほどだった。

父・良輔は、ひとりで2升、5人兄弟で集まると1斗酒を飲むほどの酒豪であったが、藤田は、子供のころから酒はきらいだったという。その藤田が酒を飲み始めるようになったのは、戦争という狂気の時代を生きのびる唯一の方法であったからだ。応援部の同輩に松江市在住の原田敬徳という醸造元「都の花」（当時）の跡継ぎがいた関係もあって、藤田は浴びるように酒を飲み始めた。親から受け継いだ酒豪の血が目覚めたか、1升びんをラッパ飲みし、下宿中を空瓶だらけにするほどの豪快な飲みっぷりだった。

「酒を飲むようになってからボクより酒の強い人間に会ったことはなかったですね。大酒を飲むようになってから友人と松江の

小学校時代の藤田田（写真右）。父・良輔と。

遊郭に遊びに行ったことがあります。遊郭で飲んで放歌高吟していたら、外を歩いていた先生に見つけられ、寮の査問委員会にかけられ、放寮処分（寮を追い出される）になり、下宿するようになりました。それでもあの頃の旧制高校というのは先生と生徒の関係が濃密で、よく飲みに行って人生の問題などいろいろ議論したものです。ああいう全人教育というのは旧制高校のシステムがあったからこそ出来たのだと思います」

藤田は、酒をラッパ飲みし遊郭で放歌高吟して放寮処分に遭いながら、それでいて試験の成績は、群を抜いて良かった。父の遺言に従い、東大に進むことが、藤田の精神的な支えになっていたからだ。

１９４５（昭和20）年８月15日の敗戦を境に、日本は天皇中心の国家が崩壊し、民主主義社会へと大きく転換した。

「人生はカネやでーッ！」

戦後は混乱と不安で始まった。食糧難がこれに追い打ちをかけた。旧制松江高校の生徒たちも、自らの食べ物を確保するために奔走しなければならなかった。

いつの世も時代の転換期には、藤田のように行動力、指導力、決断力を持った人間がその非凡な才能を発揮する。藤田は旧制松江高校の同窓会関係の人脈を使うなどして、隠岐島に渡ると、西郷町の町長と交渉し、魚を定期的に寮に入れてもらう約束を取り付けた。また、１９４６年の寮祭のときには、広島国税局と交渉し、煙草の特配を受けた。さらに、同じ年のインターハイのときには、県庁の隠匿《いんとく》物資となっていた木綿の反物を水泳部の六尺ふんどし用に大量に払い下げてもらった。加えて、この反物を米や魚と物々交換することで、京都のインターハイに参加していた旧制松江高校生の10日分ほどの食事を賄うという離れわざを演じた。

旧制松江高校応援団長のころ（写真右から3人目が藤田）

　すでにこの時代から、藤田には商才の萌芽《ほうが》が見られたのである。

　それは藤田が得意としていた英語、英会話が解禁になったことが関係している。

　なにしろ、文化祭やインターハイなどの催しは、すべてＧＨＱ（連合国軍最高司令官総司令部）の許可を得なければ開催できなかったので、藤田は、松江に進駐してきたＧＨＱの本部に出かけて行っては「文化祭をやるから便宜をはかってほしい」と交渉した。その際の英会話力について藤田は、「ブロークン・イングリッシュだった」

と謙遜するが、相当の英会話力であったようだ。当時、米軍キャンプのＧＩ（米兵）といえば泣く子も黙る怖い存在で、日本人はＧＩを避けるようにした。しかし、英語が通じる藤田には、むしろ親しみやすく冗談の言える相手だった。ＧＨＱは多発する日本人とのトラブル解決などのために大量の日本人通訳を必要としていた。

そういうご時世であっただけに藤田はすぐにＧＨＱのアルバイトに採用され、高額なアルバイト料を稼ぐようになった。

ＧＨＱは食品や嗜好品、衣料品など豊かな物資にあふれていた。それらを見るにつけて藤田は、「日本が戦争に負けたのは米国の経済力、物量によるものだ」と確信した。そして、「日本が焼け跡、闇市の悲惨な状況から立ち直るためには、一日も早く経済力を復興させることが大切だ」と考えた。

藤田はＧＨＱのアルバイトをすることで、左翼系学生たちと思想的に対峙していった。藤田は、「人生はカネやでーッ！　これがなかったら、救国済民も何もできやせんよ！」と、叫んだ。これは父親を亡くし、自力で生きてゆく道を見つけなければならなかった藤田の本音といえた。

（『日本マクドナルド20年のあゆみ』より加筆修正）

《③へつづく》

【藤田 田 復刊プロジェクトチーム】

撮影　岡崎隆生
永井 浩
取材　中村芳平
横関寿寛
動画制作　株式会社GEKIRIN

プロデューサー　塚原浩和
リーダー　笹本健児
営業統括　村瀬広一
WEB編集　竹林 徹
編集統括　山﨑 実

藤田 田（デンと発音して下さい） Den Fujita

1926（大正15）年、大阪生まれ。旧制北野中学、松江高校を経て、1951（昭和26）年、東京大学法学部卒業。在学中にGHQの通訳を務めたことがきっかけで「（株）藤田商店」を設立。学生起業家として輸入業を手がける。1971（昭和46）年、世界最大のハンバーガー・チェーンである米国マクドナルド社と50:50の出資比率で「日本マクドナルド（株）」を設立。同年7月、銀座三越1階に第1号店をオープン。日本中にハンバーガー旋風をまき起こす。わずか10年余りで日本の外食産業での売上1位を達成し、以後、トップランナーとして走り続ける。過去2回、マクドナルド・コーポレーションのアドバイザリー・ディレクターを務めるなど、マクドナルドの世界戦略にも参画。1986（昭和61）年、藍綬褒章受章。1989（平成元）年、大店法規制緩和を旗印に米国の玩具小売業トイザラス社との合弁会社「日本トイザらス（株）」を設立し、全国展開した。また、世界一のネクタイ・スカーフ製造販売会社である英国タイラック社と提携し、全国店舗展開した。（一社）日本ハンバーグ・ハンバーガー協会初代会長。

創立30年にあたる2001（平成13）年7月26日、日本マクドナルドは店頭株市場に株式公開を果たした。2004（平成16）年4月21日逝去（満78歳）。著書に『ユダヤの商法――世界経済を動かす』、『勝てば官軍』（小社刊）ほか多数。

本年4月、藤田 田、6冊同時復刊。

毎年生《まいとしう》まれる100万人《まんにん》にフォローされる商売《しょうばい》を考《かんが》えよ

金持《かねも》ちだけが持《も》つ超発想《ちょうはっそう》

[新装版《しんそうばん》] Den《でん》 Fujita《ふじた》の商法《しょうほう》②

二〇一九年四月二五日 初版第一刷発行

著者 藤田《ふじた》 田《でん》（デンと発音して下さい）

協力 株式会社藤田商店

発行者 塚原浩和

発行所 株式会社ベストセラーズ

〒一七一-〇〇二一 東京都豊島区西池袋五-二六-一九

陸王西池袋ビル四階

電話 〇三-五九二六-六二六二（編集）

〇三-五九二六-五三二二（営業）

印刷所 近代美術株式会社

製本所 ナショナル製本協同組合

DTP 株式会社三協美術

ISBN978-4-584-13909-7 C0095

日本を担う若者に贈る《成功のヒント》――なぜ、今、藤田 田を復刊するのか――

株式会社ベストセラーズは、このたび藤田 田の著作を新装版として6冊同時に復刊いたしました。その中で最も古い『ユダヤの商法　世界経済を動かす』は、１９７２（昭和47）年に刊行されました。当時、藤田は、日本マクドナルド社を立ち上げるや、あっという間に日本人の「食文化」を変えた経営者として注目を集めました。同書は総計82万７０００部の大ベストセラーとなりました。今、日本経済の舵取りをしている著名な経営者が、同書によってビジネスでの「成功の本質」を学んだともいわれております。また、今回復刊する6冊の累計は３０７刷、97万部と、多くの読者に評価された作品となっております。

では、藤田作品を「なぜ、今、このタイミング」で復刊するのか。その理由とは、多くの日本人にとって日々暮らす社会環境が劇的に変化し、非常に厳しい時代を迎えたからです。そして、この時代を稼いで勝ち抜くための「答え」が藤田 田の《商法》の中にいまだ色あせることなく豊かに「ある」からです。現在、中小、大企業を問わず「正社員としての終身雇用」が難しくなっております。特に就職氷河期世代の40代以下の若者にとっては、人生設計そのものを一から立て直さねばなりません。利益を生み出す「ビジネス」自体を自分の頭で考え、切り開き、その資金も自分で調達する必要に迫られているのです。ゆえに藤田が著書の中で繰り返し述べる「商売のアイデアを見つける力」、「それをすぐに実行する力」が、今、まさに求められているのです。この二つの「稼ぐ力」を若者に伝えるべく私たちは本企画をスタートさせました。20代、30代のみなさんにはまだ人生で成功するために準備する「時間」があります。金持ちへの「夢」、ビジネスで世界を変える「希望」があれば、藤田の言葉の中から必ず《成功のヒント》を見つけ出せると思います。みなさん、どうか1回目はサラッと通読し、2回目はじっくりと精読、3回目は自分の言葉に引き直して血肉化し、4回目以降は仕事で悩み迷った時に再び参照してください。この6冊で、若者の可能性が今まで以上に大きなものになると、私たちは確信しています。

今回の新装版の企画刊行に際して、「これからの日本を担うたくさんの若者に読んでほしい」と快諾をくださった、株式会社藤田商店代表取締役・藤田 元氏に衷心より感謝を申し上げます。

２０１９年４月12日　　藤田 田　復刊プロジェクトチーム